校园足球技战术训练教程

董琦 高原 徐丹 主编

北京体育大学出版社

策划编辑：李志诚　仝杨杨
责任编辑：仝杨杨
责任校对：曹晓燕
版式设计：水分子

图书在版编目（CIP）数据

校园足球技战术训练教程 / 董琦，高原，徐丹主编
. — 北京：北京体育大学出版社，2023.8
ISBN 978-7-5644-3869-2

Ⅰ. ①校… Ⅱ. ①董… ②高… ③徐… Ⅲ. ①学校体育－足球运动－运动训练－教学研究－中国 Ⅳ. ① G843.2

中国国家版本馆 CIP 数据核字（2023）第 152869 号

校园足球技战术训练教程
XIAOYUAN ZUQIU JIZHANSHU XUNLIAN JIAOCHENG
董琦　高原　徐丹　主编

出版发行：北京体育大学出版社
地　　址：北京市海淀区农大南路 1 号院 2 号楼 2 层办公 B-212
邮　　编：100084
网　　址：http://cbs.bsu.edu.cn
发 行 部：010-62989320
邮 购 部：北京体育大学出版社读者服务部 010-62989432
印　　刷：三河市龙大印装有限公司
开　　本：710mm × 1000mm　1/16
成品尺寸：170mm × 240mm
印　　张：8.5
字　　数：123 千字
版　　次：2023 年 8 月第 1 版
印　　次：2023 年 8 月第 1 次印刷
定　　价：45.00 元

编委会

序言

校园足球的发展

党的十八大以来，党中央把振兴足球作为发展体育运动、建设体育强国的重要任务摆上日程，并把校园足球作为扩大足球人口规模、夯实足球人才根基、提高学生综合素质、促进青少年健康成长的基础性工程。2020年9月22日，习近平总书记在教育文化卫生体育领域专家代表座谈会上指出，“青少年校园足球现在开始推广和普及起来，还要久久为功”。

多年来，校园足球秉承“教学是基础、竞赛是关键、体制机制是保障、育人是根本”的核心理念，坚持教会、勤练、常赛“三位一体”和面向全体普及推广、面向精英培养专长的“一体两面”推进格局，推动了全国校园足球各项工作蓬勃开展，取得了一定的成效。

为了深入、有序、有效地推进校园足球教学改革，全国青少年校园足球工作领导小组办公室（以下简称“全国校足办”）组织开展了以下工作：

（1）统筹推进校园足球教学指南和评定标准的实施，组织专家研制《全国青少年校园足球教学指南（试行）》《学生足球运动技能等级评定标准（试行）》，拍摄制作365集足球运动技能教学示范视频并向全国免费推送。

（2）组织编写360节校园足球示范课教案并拍摄成示范课视频，用于指导一线校园足球教学。

（3）开展校园足球资源库建设，策划制作一批教学价值突出的校园足球教学视频、专题节目，作为规范校园足球教学的有益补充。

（4）上传《天天足球》《校园足球战队》《校园足球先锋》等教学视频至教育部门户网站“校园足球”页面“校园足球资源库”栏目，供全国校园足球教师组织开展教学活动时参考使用。

（5）从教会、勤练、常赛发力，加强对校园足球校本教材的指导。截至2022年，全国已经建成32780所校园足球特色学校，有将近5500万名青少年学生常年坚持参与校园足球活动。动员全国每所特色学校每周至少开设一节足球课，立足于教会学生足球技能，同时组织人人参与的校内足球联赛。

全国校足办以“校内联赛—校际四级联赛—选拔性精英联赛”为框架，搭建了完备的校园足球竞赛体系。

（1）开展从校内联赛到县（区）级比赛、市级比赛、省级比赛直至全国比赛的五个层次的足球赛，以及在全国广泛开展小学、初中、高中和大学校园足球四级联赛。各地校园足球四级联赛比赛场次、参赛人数呈现逐年上升趋势，形成了班班参与、校校组织、地方推动、层层选拔的全国校园足球竞赛格局。截至2022年7月，参加校园足球四级联赛的学生累计超过1500万人次。

（2）开展选拔性的校园足球夏（冬）令营竞赛。全国校足办搭建了校园足球夏（冬）令营竞赛体系，集赛事、人才选拔、爱国主义教育等内容于一体的校园足球精英联赛，截至2022年7月已举办了6 届。近4万名省级最佳阵容球员参加夏（冬）令营，遴选出1828 名夏（冬）令营全国最佳阵容球员。为开阔足球视野，全国校足办学习国外先进的足球训练理念与模式，与国外高水平足球队同场竞技，增长实战经验和能力，检验中国校园足球训练水平，积极参加国际交流竞赛，每年组织全国校园足球夏（冬）

令营最佳阵容球员赴英国、法国、德国、俄罗斯等国家交流比赛。2018 年 6 月13 日，中俄校园足球友谊赛在莫斯科举行，中国国家领导人亲临赛场，鼓励中俄小球员相互学习，努力训练和比赛，做中俄友好关系的使者。

（3）举办体教融合赛事。全国校足办与中国足球协会联合举办体教融合赛事。推动高校高水平女子足球队与职业足球俱乐部合作共建，吸纳专业技术资源为高校高水平女子足球队开展训练、比赛提供技术指导和条件保障。例如，2021 年中国足球协会女子乙级联赛暨全国青少年校园足球大学生女足联赛，共有13 所高校组队参加该项赛事。北京中医药大学等6所高校高水平女子足球队与6支职业女子足球队共建，参加2021年全国青少年校园足球联赛（大学组）高水平组女子超级、甲级联赛。

全国校足办研制青少年校园足球精英人才出国留学培养计划，启动校园足球运动员海外留学计划。在每年度的中国青少年足球联赛、校园足球四级联赛和全国校园足球夏（冬）令营最佳阵容球员中遴选100～200名初中和高中足球运动员，男子、女子各占一半比例，输送至英国、法国、德国等国家的顶级职业足球俱乐部青训学院，进行为期3年的系统化、专业化集训并参加部分比赛。

校园足球推动了足球普及，带动了一批校园足球特色学校参与竞赛活动。未来在推动校园足球继续创新发展的道路上，既要提高校园足球特色学校的教学、训练和竞赛水平，也要完善“满天星”训练营和新型足球学校建设标准、实施路径，形成普及性推广与提升性训练、竞赛的完整体系，更要巩固和发挥竞赛体系和荣誉体系的牵引、激励作用，调动学生参与足球活动的积极性。全国校足办通过搭建校园足球竞赛体系，结合中国青少年足球联赛等赛事选拔人才，配合体育部门和中国足球协会一起打造完整的足球青训体系，在深化体教融合的基础上，合力推动中国足球事业的发展。

目录

第一章

足球技战术概述

第一节 世界足坛技战术发展历程

回顾世界足球的三次技战术革命史：第一次技战术革命是20世纪30年代阿森纳足球俱乐部主帅查普曼发明的WM阵型，即用3–4–3阵型取代当时流行的2–3–5阵型；第二次技战术革命是20世纪50年代由古斯塔夫率领的“无冕之王”匈牙利队凭借3–3–4阵型和一群天才球员几乎横扫世界足坛，以及此后巴西队凭借4–2–4阵型于1958—1970年夺得3届世界杯冠军；第三次技战术革命则是20世纪六七十年代由米歇尔斯率领的阿贾克斯足球俱乐部和荷兰队掀起的全攻全守风暴。第一次技战术革命创新了攻守平衡阵型，而第二次技战术革命和第三次技战术革命除阵型变化外，更有巧妙制造空间、打破位置束缚的实质巨变。在这三次技战术革命后，2008年欧洲足球锦标赛上西班牙队通过统治力十足的经典传控夺冠，其打法引领第四次技战术革命。随后德国队进一步在青训中强化传控和进攻阵型，于2014年拿到世界杯冠军。然而，西班牙队和德国队却在2018年俄罗斯世界杯足球赛上遭遇惨败，但还有克罗地亚队、比利时队、法国队、英格兰队等接过“积极传控”的衣钵，尤其在淘汰赛阶段，他们的传控球越踢越好。在俱乐部层面，巴萨和皇马在欧洲冠军联赛上也先后凭借“积极传控”屡创佳绩。以“积极传控”为代表的第四次技战术革命具有以下六大核心特征：

（1）增强球员的足球意识和超前计算能力，即用“思维足球”升级了“身体足球”和“技术足球”。

（2）在外在特点上表现出优势控球率，连续一脚出球和突然改变速度的阵地渗透，还有大量的纵深传球和撞墙式二过一。

（3）在内在特点上以球场上的提前思考和预先计算线路为核心驱动

力，尤其强调球员在无球状态下时刻通过提前思考和预先计算来设计好接球、传球和跑位的线路。

（4）由整体位置比较固定的静态阵型升级为多人间自由换位的动态阵型，让对手难以对位盯人防守。

（5）在防守上由被动的消极退守变为积极的压迫式防守。

（6）传控球在强调整体的同时，鼓励个体或两三人之间的创造性自由发挥。

第二节　国外青少年足球技战术特点

一些发达国家14～16 岁的优秀球员已经能深入了解个人战术、整体战术、全队战术；同时能认识到场上不同位置的作用，对场上的形势观察和理解能做出正确反应，清楚比赛中的进攻、防守、由攻转守、由守转攻四个时刻（以下简称“四个时刻”）；具备与队友配合时的突破与防守能力。

一、技术训练特点

足球强国运动员的技术训练始于儿童，贯穿运动员成长训练的全过程。启蒙阶段的足球游戏包含了技术训练内容，随着儿童年龄的增长逐渐增加对抗性技能训练。不同俱乐部的技术训练方法各有不同。例如，西班牙巴塞罗那青训学院的球员早期就开始了带球、停球、护球等控球技术训练，西班牙皇家马德里青训学院采用“Y”形方法提高球员的足球技能；英格兰曼联青训学院通过多人练习提高球员在对抗状态下的足球技能等。

法国队的每个训练环节都是围绕比赛设计的，技术训练也采用对抗形式的适应性技术训练。法国足球训练理念认为，非对抗形式的训练无法很好地适应实际比赛。比如，法国 U15 球队的一节常规训练课中，无对抗的技术训练时间不超过 15 分钟，采用接近比赛形式的对抗训练时间达到80%甚至以上。法国朗斯足球俱乐部U8～U11球员每周训练 3 次，训练的重点是个人的控球技巧，每周六比赛。

英国阿森纳足球俱乐部U8～U11球员只参加最基本、有组织的足球训练，U12～U14球员注重个人技术训练，包括球技、速度和敏捷性。德国拜仁慕尼黑足球俱乐部U7～U10球员以基础训练为主，每周训练3次，注重提高足球技巧。

青少年是足球运动员技术训练的黄金时段，若错过技术训练的最佳年龄，在以后的训练中很难弥补。青少年足球运动员技术训练的突出特色是在本国（或俱乐部）技术风格框架下，重视培养运动员个人技术。

二、战术训练特点

青少年足球运动员在个人技术训练的基础上，逐步增加战术训练内容，培养战术意识。青少年足球运动员战术训练分为个人战术训练、小组战术训练和全队战术训练。个人战术训练主要是提高球员在1VS1对抗状态下，运用带球、传球或射门等技术动作的能力；小组战术训练是4VS4、5VS5等小组多人战术训练；全队战术训练是在小组战术训练的基础上，逐渐过渡到全队战术训练，全面提高球员的战术能力，培养整体战术意识。不同的俱乐部安排球员开始战术训练的年龄有所不同。例如，意大利国际米兰青训学院对球员开始个人战术训练的年龄是8岁，开始团队战术训练的年龄是12岁；德国拜仁慕尼黑青训学院对球员开始战术训练的年龄是11岁；法国朗斯青训学院对球员开始战术训练的年龄是12岁；英格兰伯明翰城青训学院将12～16岁作为培养球员战术意识和决策能力的最佳年龄。

第三节　我国校园足球技战术训练存在的问题与发展方向

一、我国校园足球技战术训练存在的问题

（1）我国校园足球技战术训练对对抗缺乏重视。对抗是足球运动最直接的表现特征，贯穿足球比赛的始终，技战术训练包含对抗下的技战术训练。现阶段，我国校园足球技战术训练对抗强度不高，比赛中技术稳定性

与合理性不够，导致技术水平无法适应高强度的比赛。

（2）我国校园足球运动员长传能力相对较弱，在传球与射门等技术中左右脚表现不均衡。在校园足球技术提升的敏感期，应重视基本技术的全面发展，立足比赛强度，提高两脚的均衡能力。

（3）14～17 岁为运动员足球训练的提高和过渡阶段，但在我国，此阶段不同位置上的校园足球运动员普遍缺乏技战术能力。

二、我国校园足球技战术训练发展方向

随着校园足球成为培养足球人才的新模式，校园成为培养优秀足球人才的一片崭新的沃土。与传统的专业球队相比，校园足球人口基数更大，更有利于扩大足球人口，提高足球人才储备质量，促进足球运动的普及与推广。校园足球的人才培养质量决定了未来中国足球青训的质量。

（1）校园足球技术训练应注重快速运动中和对抗下的基本技术训练，并且在空间、时间压力下对动作完成准确性提出更高的要求。个人防守练习要多结合比赛，在对抗下和比赛中熟练地完成传、接、运、射等技术动作。

（2）校园足球应在个人、小组技战术训练的基础上加强全队的整体攻守训练。在技术训练方面，要求在有对抗形式的训练和比赛中发展和提升技术，在防守上由被动的消极退守变为积极的压迫式防守。在战术训练方面，要求通过强化训练、对抗训练和比赛来改进不足，使个人及全队技战术有机结合，向高水平方向发展，在强调整体的同时，鼓励个体或两三人之间的创造性自由发挥。

（3）校园足球战术训练的发展目标：个人攻防战术、小组攻防战术和局部攻防战术的熟练掌握和运用；提升主动控制比赛的能力，清晰明确地遵循攻防原则和位置职责，具有较强的攻防转换意识；具备合理行动的能力；具备一定的创造力和想象力。在个人与小组战术训练中注重进攻和防守的合理性，提高快速决策能力，在局部战术和全队战术中体现个人战术；在局部战术训练中注重局部攻守训练、区域协调配合训练以及区域攻

守转换训练；在全队战术训练中重点强化阵型练习和攻守队形练习，以及快速转换的攻守训练和定位球的攻防战术训练，通过实战进一步强化全队的攻防战术。

明确校园足球技战术训练存在的问题和发展方向，不仅有利于我国校园足球水平的快速提高，还有助于探究校园足球技战术规律，找出差距及分析出现的问题，提高我国校园足球联赛技战术水平，为校园足球训练及比赛提供相关理论补充。另外，明确校园足球运动员训练中技战术能力培养的重点，对我国校园足球技战术的运用与比赛成绩的提高具有一定的借鉴意义。

第二章

校园足球技术训练

第一节　足球技术的概念和分类

足球技术是指运动员在比赛中所采用的符合规则的、各种合理的攻守动作的总称。随着足球运动的日益发展，足球技术不仅在内容上更加丰富，而且动作难度也在不断提高。现代足球比赛要求运动员在快速和激烈对抗的条件下能够准确地完成踢、停、顶、运、抢截以及起动、跑、急停和转身等技术动作。运动员只有熟练地掌握足球技术动作，才能在比赛中有目的地采取行动和正确地处理球，以达到战术上的要求。另外，足球战术的不断丰富对足球技术提出了新的更高的要求，促进了足球技术的不断发展和提高。

在足球比赛中，不仅要运用支配球、争抢球的技术动作，而且要运用为进行支配球和争抢球而采取的行动所涉及的相关动作。这种在比赛中符合规则的合理的有球和无球的攻守动作构成了当今复杂多变的足球技术动作。足球技术可分为无球技术、有球技术和守门员技术三大类。

一、无球技术

起动：原地起动、活动中起动。

跑：快速跑、冲刺跑、曲线跑、折线跑、侧身跑、插肩跑、后退跑。

急停：正面急停、转身急停。

转身：前转身、后转身。

假动作：无球假动作。

二、有球技术

踢球：脚背正面踢球、脚背内侧踢球、脚背外侧踢球、脚内侧踢球、脚尖踢球。

停球：脚内侧停球、脚底停球、脚背正面停球、脚背外侧停球、胸部停球、大腿停球、头部停球。

头顶球：前额正面头顶球、前额侧面头顶球。

运球：脚背内侧运球、脚背外侧运球、脚背正面运球、脚内侧运球。

抢截球：正面抢截球、合理冲撞抢截球、侧后铲球及断截球。

假动作：有球假动作。

掷界外球：原地掷界外球、助跑掷界外球。

三、守门员技术

准备姿势、选位、步伐移动、接球、扑球、拳击球、托球、发球等。

第二节　球感

一、颠球

颠球指运动员通过身体各个合理部位的连续触球建立起对球的敏感性，进而熟悉、掌握球性及规律。

（一）脚背正面颠球

脚背正面颠球的技术要领：支撑腿的膝关节微屈，身体重心落至支撑腿；颠球脚的脚尖微翘、小腿向上踢摆，用脚背正面触球的中下部，将球向上击起。（图2–2–1）

图2–2–1　脚背正面颠球

（二）脚内侧颠球

脚内侧颠球的技术要领：支撑腿的膝关节微屈，身体重心落至支撑腿；当

球落至颠球脚的膝关节以下时，屈膝盘腿，脚内翻使脚内侧呈水平状态，用脚内侧触球的中下部，将球向上击起。（图2-2-2）

（三）脚外侧颠球

脚外侧颠球的技术要领：支撑腿的膝关节微屈，身体重心落至支撑腿；当球落至颠球腿的膝关节附近时，小腿向外上踢摆，脚外翻使脚外侧呈水平状态，用脚外侧触球的中下部，将球向上击起。（图2-2-3）

图2-2-2　脚内侧颠球

图2-2-3　脚外侧颠球

（四）大腿颠球

大腿颠球的技术要领：支撑腿的膝关节微屈，身体重心落至支撑腿；当球落至颠球腿的膝关节上方时，颠球腿屈膝，大腿摆至水平状态，用大腿触球的中下部，将球向上击起。（图2-2-4）

（五）头颠球

头颠球的技术要领：两腿开立，两臂自然张开，膝关节微屈，身体重心适当降低，头向后仰；当球将要落至前额高度时，两脚蹬地伸膝，腰稍向上用力，颈部适当紧张，用前额触球的中下部，将球向上击起。（图2–2–5）

图2-2-4　大腿颠球

图2-2-5　头颠球

易犯错误：

（1）脚颠球时，颠球腿的踝关节松弛。

（2）脚颠球时，颠球脚的脚尖向上或向下勾，球受力后触碰身体或离身体太远。

（3）颠球时，身体不够放松，动作僵硬。

（4）大腿颠球时，球触大腿后，不向正上方运行。

（5）头颠球仅靠颈部用力，腿部、躯干配合不协调。

练习方法：

（1）利用球网进行颠球练习。

（2）颠一次球，用手抱一次球，反复练习。

二、推拉球

推拉球的技术要领：一只脚前脚掌落至球上部，另一只脚作为支撑脚立于球后方，触球脚向后用力将球拉回。（图2-2-6）

图2-2-6 推拉球

易犯错误：

（1）脚掌触球部位不正确或压球太用力，造成推拉球技术动作不灵活。

（2）髋关节转动不够，影响推拉球变向。

⚽ 练习方法：

两臂张开维持身体平衡，身体重心稍下降，上体稍前倾。由原地练习过渡到行进间练习。（图2-2-7）

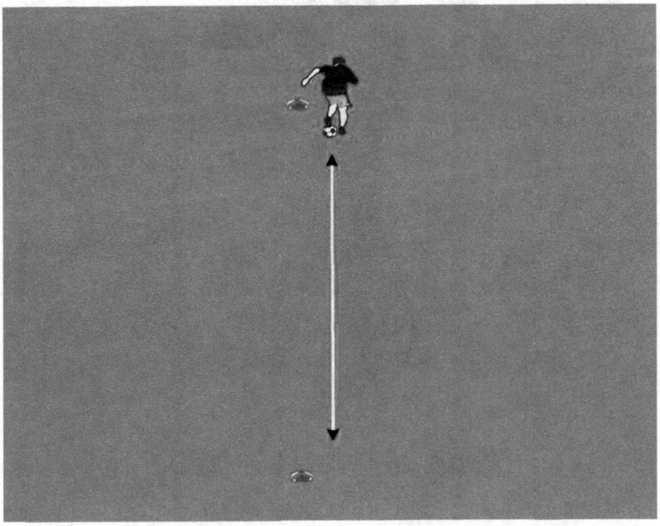

图2-2-7　行进间推拉球

第三节　运球

一、脚背正面运球

脚背正面运球（图2-3-1）指运动员在跑动中有目的地用脚背正面连续推拨球的动作。脚背正面运球的特点是直线推拨，速度快，路线单一。脚背正面运球一般在前方纵深较大的情况下运用。

图2-3-1 脚背正面运球

动作方法：

运球跑动时，身体自然放松，上体稍前倾，步幅稍小，两臂屈肘自然摆动。运球脚提起时，膝关节微屈，脚跟提起，脚背绷紧，脚尖向下，在迈步着地前，用脚背正面推拨球。

易犯错误：

（1）运球脚触球时松动、不稳定，难以控制运球力量和方向。

（2）运球脚一侧的膝关节、踝关节僵硬，推拨动作变为捅击动作，难以控制球。

（3）支撑脚离球过远，推球后身体重心滞后，人球分离。

练习方法：

（1）进行放慢运球速度练习，控制运球脚的稳定性。反复练习并体会，跑动时，步幅要小；运球时，固定脚踝，掌握好蹬、摆的用力方向。

（2）直线运球，按蹬、摆、推拨的顺序运球。

二、脚背外侧运球

脚背外侧运球（图2–3–2）指运动员在跑动中有目的地用脚背外侧连续推拨球的动作。脚背外侧运球易于变化运球方向和发挥奔跑速度，具有掩护球的作用，运用时灵活性、可变性强。脚背外侧运球形式可分为直线运球、曲线运球和转换方向运球。

图2–3–2　脚背外侧运球

动作方法：

运球跑动时，身体自然放松，上体稍前倾，步幅稍小，两臂屈肘自然摆动。运球脚提起时，膝关节微屈，脚跟提起，脚尖稍内转，在迈步着地前，用脚背外侧推拨球。

易犯错误：

（1）运球脚直腿前摆，难以控制推拨力量。

（2）运球脚一侧的膝关节、踝关节僵硬，影响控球效果。

（3）身体重心偏高或后坐，影响身体重心跟进。

练习方法：

（1）脚背外侧直线运球，跑一步触碰一次球，两脚交替练习。（图2-3-3）

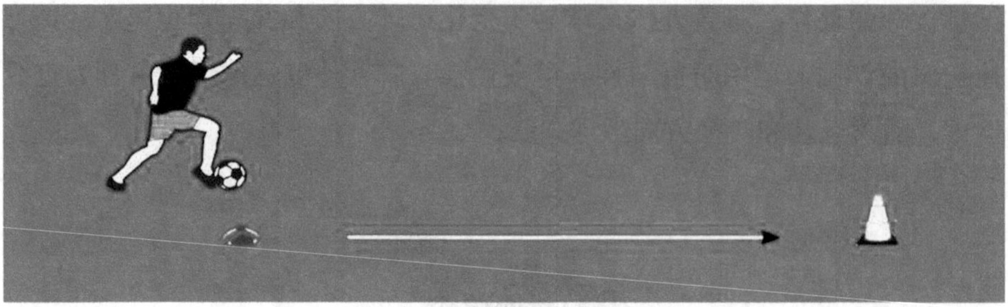

图2-3-3　脚背外侧直线运球

（2）脚背外侧曲线运球。（图2-3-4）

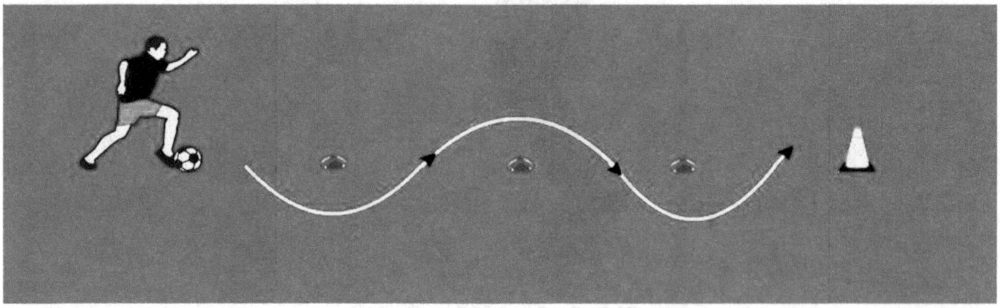

图2-3-4　脚背外侧曲线运球

三、脚背内侧运球

脚背内侧运球（图2-3-5）指运动员在跑动中有目的地用脚背内侧连续推拨球的动作。脚背内侧运球的特点是运球动作幅度大，控球稳，虽然不能加快速度，但是左右转换方向都很容易。脚背内侧运球主要适用于掩护性运球或运球变向，是足球比赛中使用较多的运球方法。

图2-3-5　脚背内侧运球

动作方法：

运球跑动时，身体自然放松，支撑脚落在球的侧方，身体稍向支撑脚一侧倾斜，运球腿屈膝，脚跟提起，脚尖稍外转，用脚背内侧推拨球。拨球后，运球脚及时落地支撑。

易犯错误：

（1）身体重心过高或侧倾不够，难以控制运球方向。

（2）触球时脚形不稳，影响控球效果。

练习方法：

（1）脚背内侧曲线运球。（图2-3-6）

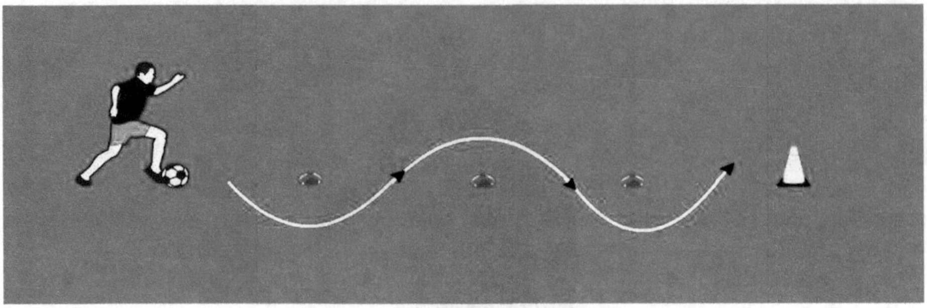

图2-3-6　脚背内侧曲线运球

（2）脚背内侧绕“8”字形运球。（图2-3-7）

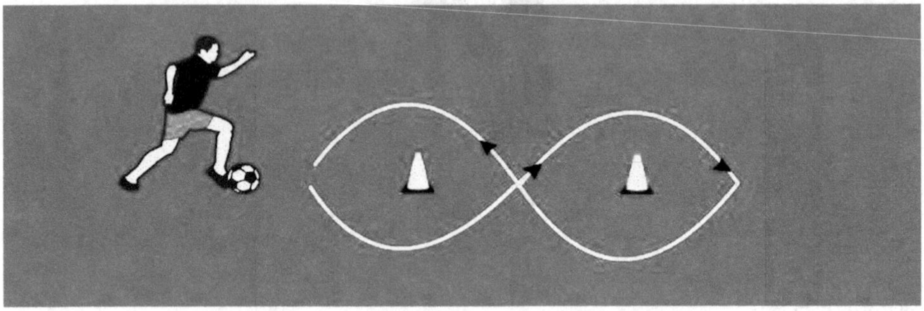

图2-3-7　脚背内侧绕“8”字形运球

四、运球过人

运球过人指运动员在跑动中为控制球而用脚推拨球，并超越防守队员的技术动作。运动员运球过人是在控制球的基础上，根据战术需要以及对手的防守位置和身体重心变化情况，利用速度、方向或动作变化，获得时间和空间位置上的优势，从而突破防守。

（一）运球过人的三个阶段

运球过人分为逼近调动、运球超越和跟进保护三个阶段。

（1）逼近调动阶段：运球队员逼近对手时，身体重心应下降，步幅要收小，触球要轻，球距要近。运球队员在控护好球的同时，可利用各种假动作迷惑对手，使对手出现防守错误或漏洞。

（2）运球超越阶段：在攻防对峙中，运球队员应通过有效的假动作迷惑对手，创造出有利于突破的时间差和位置差，并不失时机地采取迅猛、果断的突破动作。动作的发动应突然，具有爆发性。

（3）跟进保护阶段：运球队员在进行突破动作的同时，身体重心应积极向球侧倾移，以保证运球突破后身体重心随球的跟进。这一阶段，为了防止对手的逼抢，运球队员要注意利用身体护球，以巩固和扩大自己的优势。

（二）运球过人的突破

1．强行突破

强行突破指运球队员以突然推球与快速起动相结合的动作超越对手的过人方法。运球队员采用此方法运球过人时应注意以下几点：

（1）奔跑速度要快，起动动作也要快而突然。

（2）准确掌握起动的时机——对手企图抢球而又犹豫不决的刹那。

（3）对手的身后有较大的空当，突破后对方其他队员不能及时补位。

（4）推拨球的距离应稍远，以便加快奔跑速度超越对手。

练习方法：

两人一组，一人进攻，一人防守。进攻队员运球，接近防守队员时，突然加速摆脱防守队员，利用速度强行突破。（图2-3-8）

图2-3-8　强行突破

2. 运球假动作突破

运球假动作突破指运球队员利用腿部、上体、头部虚晃或眼神佯装传球或射门动作，以迷惑对手，使其产生错误判断，从而伺机运球突破的过人方法。运球队员采用此方法运球过人时应注意以下几点：

（1）集中精力观察对手的反应和动作。

（2）随时准备，能突破就突破，不能突破也要控制好球。

（3）假动作要逼真，晃动时身体重心不能超越支撑点。

（4）由晃到拨的动作要突然而快速。

练习方法：

两人一组，面对面运球。两人相距1米左右的距离时，在运球的同时做假动作，形成突破。（图2-3-9）

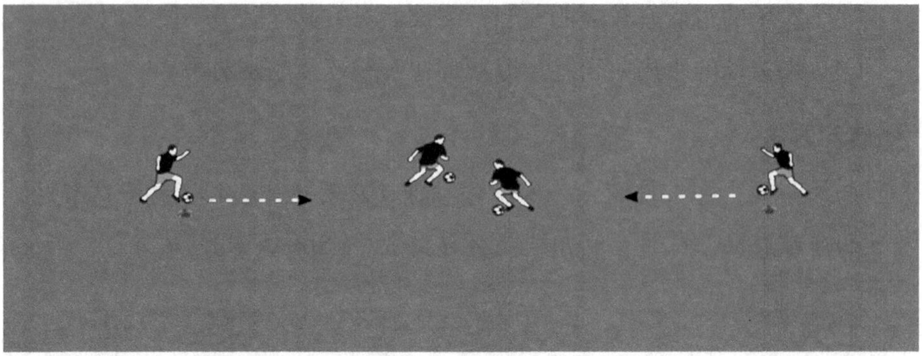

图2-3-9 运球假动作突破

3. 快速拉、扣、拨球突破

快速拉、扣、拨球突破指运球队员以单、双脚快速拉、扣、拨球，不断变换运球方向，使对手难以判断运球突破的方向和时机的过人方法。当对手堵截时露出空当，运球队员快速运球突破。运球队员采用此方法运球过人时应注意以下几点：

（1）拉、扣、拨球的动作应熟练而准确。

（2）随时观察对手的反应，一旦时机合适，马上突破。

（3）身体重心的移动和起伏不宜过大。

（4）可以做身体和头部的假动作。

练习方法：

两人一组，一人进攻，一人防守。进攻队员运球，接近防守队员时，运用脚背内侧拨球，形成突破。（图2-3-10）

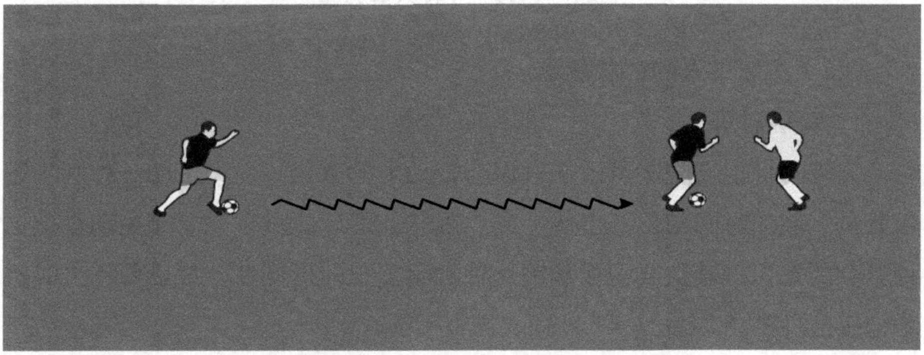

图2-3-10　快速拉、扣、拨球突破

4．人球分过突破

人球分过突破指运球队员和球分别从对手两侧越过的过人方法。人球分过突破多在进攻队员处于活动中，而防守队员尚未取得正确防守位置时运用。运球队员采用此方法运球过人时应注意以下几点：

（1）运球的路线要稍偏于对手的一侧。

（2）在对手即将取得正确防守位置之前进行突破。

（3）推出的球以弧线运行并绕过对手，在推球的同时突然加速，从对手的另一侧越过。

练习方法：

两人一组，一人进攻，一人防守。进攻队员运球，接近防守队员时，推出弧线球绕过对手，在推球的同时突然加速，从对手的另一侧越过。（图2-3-11）

图2-3-11　人球分过突破

（三）运球过人的注意事项

1．突破时机

突破时机指攻防队员由于意识与行动上的错位，而产生的一种利于进攻队员突破的时间与位置上的差异。因此，运球队员首先要有主动创造这种机会的意识，其次要积极预测这种机会出现的可能性，最后要不失时机地把握这种机会。

2．突破距离

突破距离指突破刹那球与对手间的距离。合理的突破距离是使对手感到能抢到球，但实际上又不能先于自己触球的一种距离，能够误导对手采取盲目行动而陷入被动。

3．速度和方向变化

速度和方向变化是调动和超越防守队员的重要手段。无论是变速还是变向，其关键都在于变化的突然性、敏捷性和多样性。在运用变速和变向突破时，至关重要的是控制身体的重心以适应动作的变化。

第四节　传球

一、脚内侧传球

脚内侧传球（图2-4-1）指运动员有目的地用脚内侧将球击向预定目

标的技术动作。脚内侧的触球面积比脚的其他部位的触球面积要大。脚内侧传球主要用于短距离精准传球和射门。

图2-4-1　脚内侧传球

动作方法：

（1）直线助跑，支撑脚落至离球15～20厘米处。

（2）摆腿，支撑脚着地后，踢球腿大腿带动小腿由后向前摆动。需要注意的是大腿在摆动过程中外展。

（3）踢球（触球），踢球腿在由后向前摆动到接近球时，小腿迅速向前击球，触球时脚底与地面平行，脚尖微微翘起，击球的后中部，足弓方向正对出球方向。

（4）随摆，击球后的随摆是指身体和髋关节向前送，摆动方向为目标方向。

易犯错误：

（1）踢球腿膝关节、踝关节外展角度不够，脚趾没有勾翘，击球脚脚形不正确，影响击球效果。

（2）踢球腿直腿击球，击球发力不足。

（3）支撑脚位置靠后，击球刹那，脚形不固定，出球不顺畅。

练习方法：

（1）两人一组，面对面进行脚内侧传球练习。（图2-4-2）

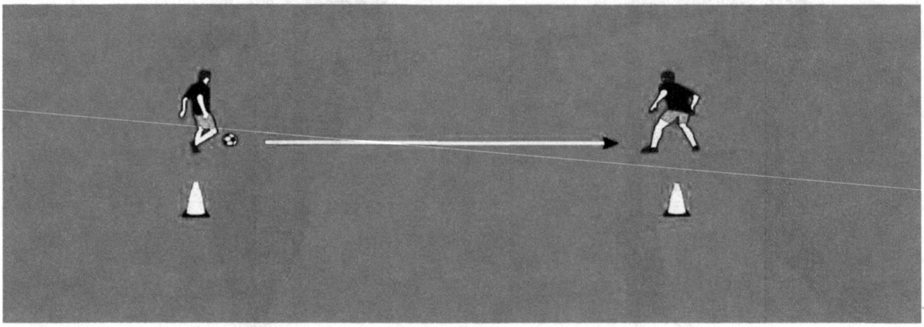

图2-4-2　面对面脚内侧传球练习

（2）脚内侧传球穿越标志物练习。（图2-4-3）

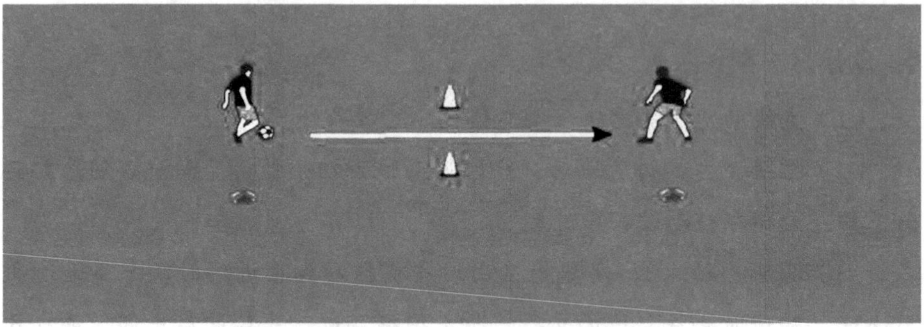

图2-4-3　脚内侧传球穿越标志物练习

二、脚背外侧传球

脚背外侧传球（图2-4-4）指运动员有目的地用脚背外侧将球击向预定目标的技术动作。脚背外侧传球预摆动作小、出脚快，能利用膝关节、踝关节的灵活变化改变出球方向。此技术动作对脚踝的灵活性要求较高，由于摆腿方向变化较多，以正常的跑动姿势助跑，其出球隐蔽性较强。足球比赛中各种距离的弧线球及非弧线球均可使用此技术动作踢出。

图2-4-4　脚背外侧传球

动作方法：

与踢球腿同侧的来球多用直线助跑，与踢球腿异侧的来球多用斜线助跑，支撑脚要提前选位着地，其他动作方法类似踢定位球。

易犯错误：

（1）支撑脚选位不当，影响摆踢发力。

（2）摆腿时髋关节内转或直腿击球，击球发力不足。

（3）膝关节、踝关节内旋不够，影响击球的准确性和前摆速度，击球发力不足。

（4）击球刹那，脚形不稳，脚尖上撩，出球不稳。

练习方法：

脚背外侧传球绕标志物练习。（图2–4–5）

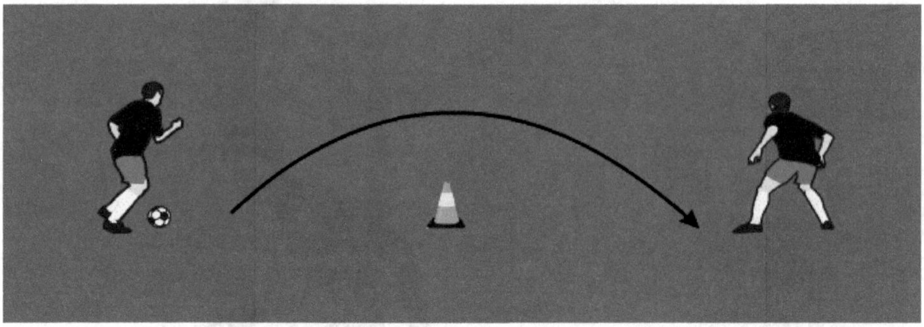

图2-4-5　脚背外侧传球绕标志物练习

三、脚背内侧传球

脚背内侧传球（图2–4–6）指运动员有目的地用脚背内侧将球击向预定目标的技术动作。其特点是摆踢动作顺畅、幅度大、脚触球面积大、出球平稳有力且性能和路线富于变化，适用于中远距离传球和射门。

图2-4-6 脚背内侧传球

动作方法：

（1）斜线助跑，助跑方向和出球方向约成45°角。

（2）支撑脚放在球侧后方，脚趾指向出球方向，膝关节微屈，眼睛看球，身体重心稍倾向支撑脚一侧。

（3）支撑脚落地的同时，踢球腿以髋关节为轴，大腿带动小腿由外后方向前内略呈弧线摆动，膝关节、踝关节稍外旋，当膝关节摆至接近球的内侧上方时，小腿加速前摆。

（4）击球时，膝关节向前顶送，脚背绷直，脚趾扣紧，以脚背内侧击球的后中下部。

（5）击球后踢球腿顺势前摆落地。

易犯错误：

（1）支撑脚选位不当，脚趾没对准出球方向，影响摆踢动作的完成。

（2）击球刹那，膝关节不向前顶送，而是顺势内拐，出球呈侧内旋。

（3）踢球腿后摆动作紧张，影响前摆速度，击球发力不足。

（4）支撑脚偏后，击球时身体后仰，出球偏高。

练习方法：

（1）两人一组，面对面脚背内侧传球练习。（图2-4-7）

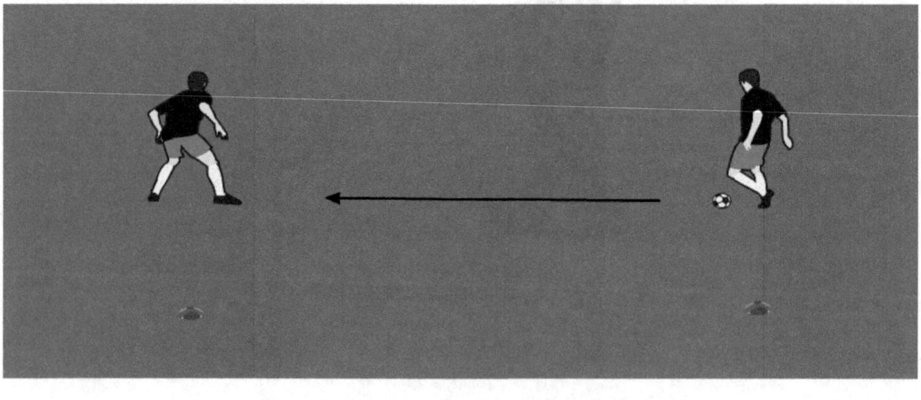

图2-4-7　面对面脚背内侧传球练习

（2）脚背内侧传球进圈练习。（图2–4–8）

图2–4–8　脚背内侧传球进圈练习

第五节　接球

一、脚内侧接球

脚内侧接球（图2–5–1）指用脚内侧部位接球的一种技术，是足球基础的接球技术之一。脚内侧接球动作简单，易于掌握，脚触球面积大，停球平稳，动作灵活多变，用途广泛。

图2–5–1　脚内侧接球

动作方法：

1. 脚内侧接地滚球

（1）支撑脚正对来球，膝关节微屈，接球腿屈膝外转并前迎。接球脚脚尖稍翘起，脚与球接触前的刹那开始后撤，后撤过程中用脚内侧接触球，把球控制在便于衔接下一个动作的位置上。如果需要将球接到自己的侧后方，在接球脚撤到支撑脚的侧方时，再继续以髋关节外转和腿后引的动作将球引向侧后方，同时以支撑脚脚掌为轴使身体转向出球方向。

（2）挡压法。当球运行到支撑脚的侧方或侧前方时，接球脚以脚内侧挡压球的后上部。挡压力量大小要随来球力量大小而有所增减。将球停至支撑脚外侧时，接球脚脚尖稍向前，脚内侧挡压球的侧后上部，同时脚尖内转，以支撑脚前脚掌为轴使身体转向出球方向。

2. 脚内侧接空中球

（1）根据来球的高度，将接球脚举起前迎，脚内侧对准来球路线，脚与球接触前的刹那开始后撤，后撤过程中用脚内侧接触球，把球控制在便于衔接下一个动作的位置上。

（2）将接球脚提起至稍高于选择的接球点，脚与球接触前的刹那开始下切，下切过程中用脚内侧切球的侧上部，将球接在地上。

易犯错误：

（1）触球时，接球脚的踝关节过于紧张，不利于缓冲，球接得离身体过远。

（2）脚内侧接地滚球时，脚离地过高，使球漏过。

（3）脚内侧接空中球时，因判断不准而举腿过早。

练习方法：

（1）两人一组，面对面接对方传来的地滚球。（图2–5–2）

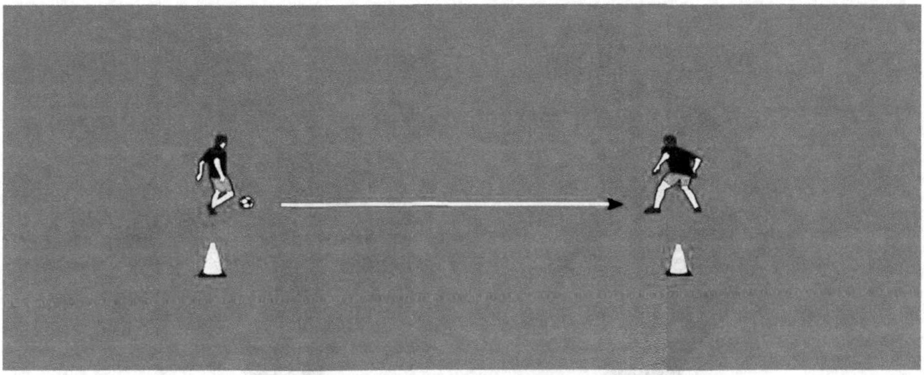

图2-5-2　面对面接地滚球练习

（2）两人一组，面对面接对方传来的半高球。（图2-5-3）

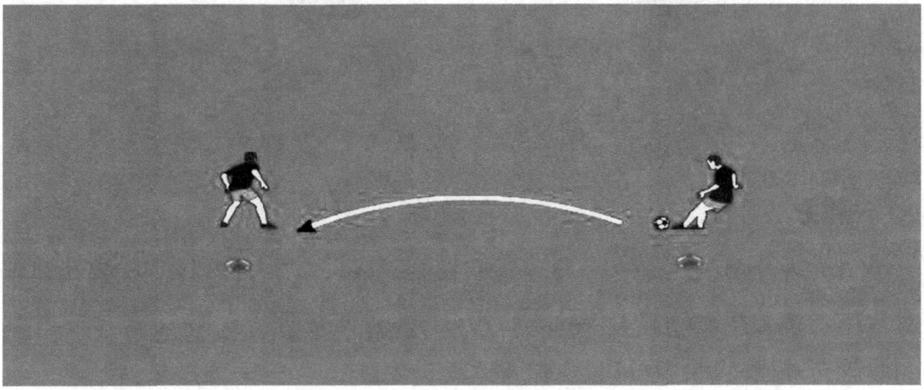

图2-5-3　面对面接半高球练习

二、脚外侧接球

脚外侧接球（图2-5-4）指用脚外侧部位接球的一种技术。接球时需要脚踝摆动，如果脚踝不够灵活则很难控制力度。脚外侧接球与脚内侧接球一样，需要脚踝绷紧，通过小腿摆动来控制力度。

图2-5-4 脚外侧接球

动作方法：

（1）脚外侧接地滚球。接球脚稍提起，膝关节和脚内转，以脚外侧正对来球，在支撑脚的前侧接触球的侧后方（偏支撑脚的一侧）。接触球时，接球脚向外侧轻拨，把球接在侧前方或侧方。

（2）脚外侧接反弹球。面对来球，支撑腿的膝关节微屈。接球脚在支撑脚前方稍提起，脚内翻，使接球腿的小腿与地面成一定角度，踝关节放松。当球刚反弹离地面时，用脚外侧触球的侧上部，把球接至体侧。

易犯错误：

（1）接球脚的踝关节紧张，接球不稳。

（2）球的反弹路线判断不准，将球漏过。

⚽ 练习方法：

（1）自己向上抛球，自己用脚外侧接反弹球。（图2-5-5）

图2-5-5　脚外侧接反弹球练习

（2）两人一组，面对面接对方传来的半高球。（图2-5-6）

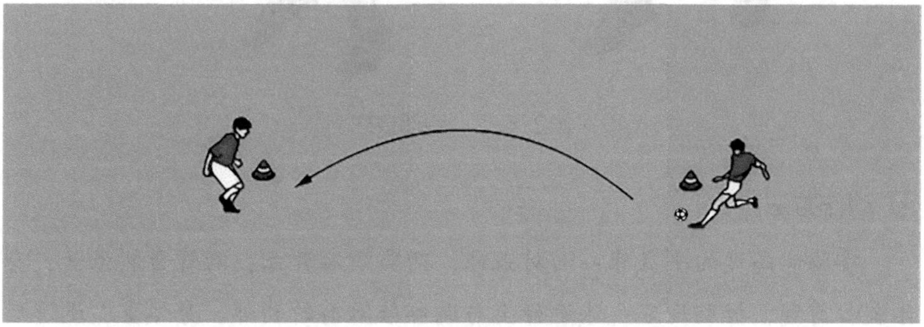

图2-5-6　面对面接半高球练习

三、胸部接球

胸部接球（图2-5-7）指面向球，用胸部两边肌肉最厚实的地方做接球部位，接触球的刹那，腰以上部位迅速后仰形成缓冲，此时立即调整身体以最快的速度重新控制球。

图2-5-7　胸部接球

动作方法：

接胸部高度的平直球：面对来球，两脚前后开立，两臂自然张开，身体重心前移，挺胸迎球。球运行至与胸部接触前的刹那，身体重心迅速后移，收胸、收腹挡住球，以缓冲来球力量，把球停在身前。如果要把球停在左（右）侧，则应在接触球前的刹那向左（右）侧转体，并用同侧胸部触球。

易犯错误：

（1）胸部接球时，球在空中的位置选择不准，未能用正确部位接触球。

（2）收胸接球时，收胸和收腹过晚，未能缓冲来球力量。

（3）下颚未收紧。

练习方法：

（1）自己向上抛球，自己用胸部接球。（图2-5-8）

图2-5-8 自己抛球进行胸部接球练习

（2）两人互抛用胸部接空中球，逐渐改变球的运行弧度、落点，练习移动接球。（图2-5-9）

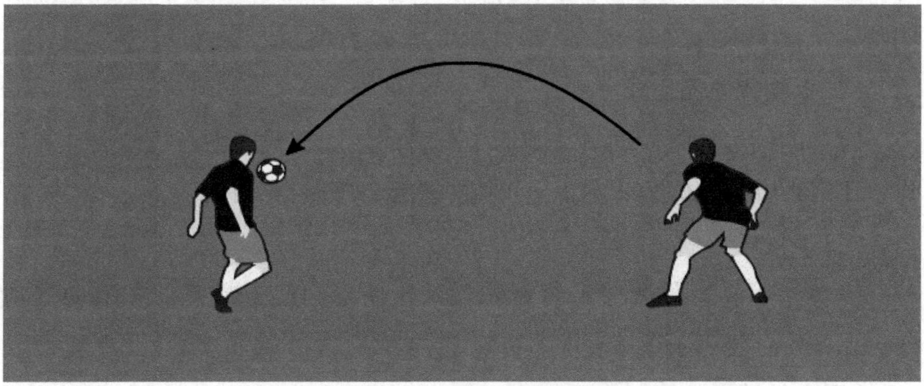

图2-5-9 两人互抛进行胸部接球练习

第六节　控球

一、控球在比赛中的意义

控球是足球比赛进攻中重要的技术环节之一，其意义在于保护球权，保持本方持续进攻的态势。控球可分为个人控球和团队控球两种。个人控球区别于个人运球过人（1VS1），体现在接球后利用各种运球技术动作控球，便于下一步合理并高质量地出球（如传球或射门等）。比赛中经常能看到高水平的球员，面对防守压力甚至夹抢时，利用自己的脚下技术进行护球，并想办法在保护好球的前提下，将球传给同伴或者晃开出球角度，为下一次高质量地处理球做好充分的准备。本节侧重于个人控球，通过运球变向和护球控制球权。

二、常用的个人控球技术

（一）脚背外侧运球

脚背外侧运球指运动员在跑动中有目的地用脚背外侧连续推拨球的动作。脚背外侧运球在比赛中适用于快速直线运球和运球变向、转身，是足球比赛中常用的运球技术，可在高速跑动中将球隐蔽地传给同伴。

（二）脚背内侧运球

脚背内侧运球指运动员在跑动中有目的地用脚背内侧连续推拨球的动作。比赛中脚背内侧运球主要用于掩护性运球或运球变向。

（三）拨球

拨球指用脚背外侧或脚背内侧触球，使球向侧方或侧前方滚动的动作，比赛中主要用于运球变向。

（四）拉球

拉球指用脚掌将球向前、向后或向左、向右做推拉球的动作。

（五）扣球

扣球指突然转身并用脚踝急转扣压球的动作，以脚背内侧或脚背外侧触球，将球向侧后方停下或变向。脚背内侧扣球动作称作“里扣”，脚背外侧扣球动作称作“外扣”。

三、个人控球的基本要求

比赛中，个人控球在进攻时非常重要，是组织进攻的纽带，需要做到以下几点，才能更好地保持进攻的态势。

（1）运用各种运球技术运球向前或变向，以便于进行或连接下一动作。

（2）在防守对抗的情况下，要使用远端脚（远离防守人的脚）控制球。

（3）比赛中能向前控球时尽可能向前，不能向前控球时可以选择向侧、向侧后或向后变向保持控球，以便于下一步处理。

四、个人控球的练习方法

（一）运用各种运球技术进行多种线路的练习

1. 直线运球练习

直线运球练习［图2-6-1（a）］指运用脚背外侧进行直线运球练习。练习时要求小步幅、快频率地推拨球，并抬头观察。非惯用脚的运球练习也不要忽视。

2. 曲线运球练习

曲线运球练习［图2-6-1（b）］指运用脚背外侧、脚背内侧等多个部位进行曲线运球练习。练习时要求用多种技术动作进行曲线运球练习，要求小步幅、快频率地推拨球，并抬头观察。非惯用脚的运球练习也不要忽视，如单脚的内扣外拨（左、右脚分开完成）、双脚连接的内扣外拨、假踢真扣、横向拉球等。

3. “之”字形运球练习

“之”字形运球练习［图2–6–1（c）］指运用脚背外侧、脚背内侧拨球、扣球、“V”形推拉球等动作进行“之”字形运球练习。练习时要求小步幅、快频率地推拨球，变向后先抬头观察。非惯用脚的运球练习也不要忽视。

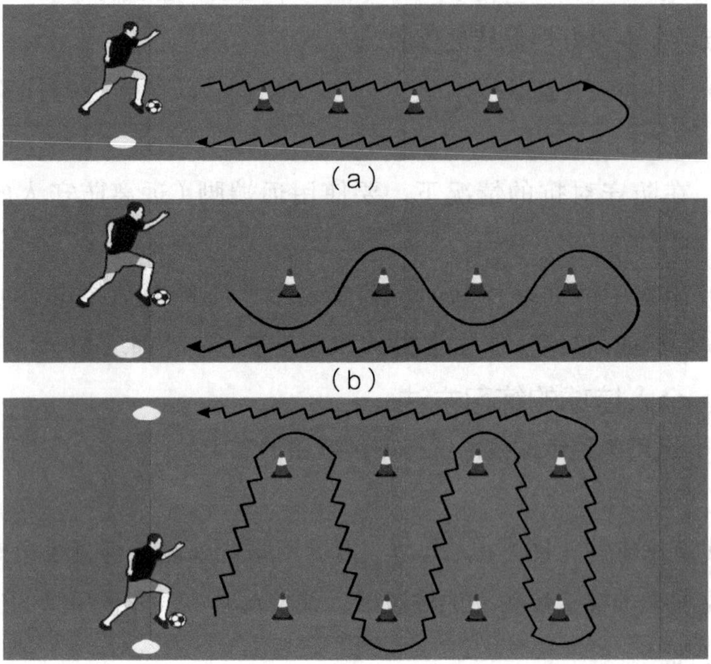

（a）

（b）

（c）

图2–6–1　直线、曲线、“之”字形运球练习

4. 往返运球练习

往返运球练习（图2–6–2）指从一侧标志线开始，先运用脚背外侧直线运球至另一侧标志线，再运用脚背内侧、脚背外侧扣球或用脚掌拉球完成转身，利用两侧标志线进行往返运球练习。练习时要求小步幅、快频率地推拨球，转身后先抬头观察。运动员可根据教练员的哨音指令进行往返运球练习。非惯用脚的运球练习也不要忽视。

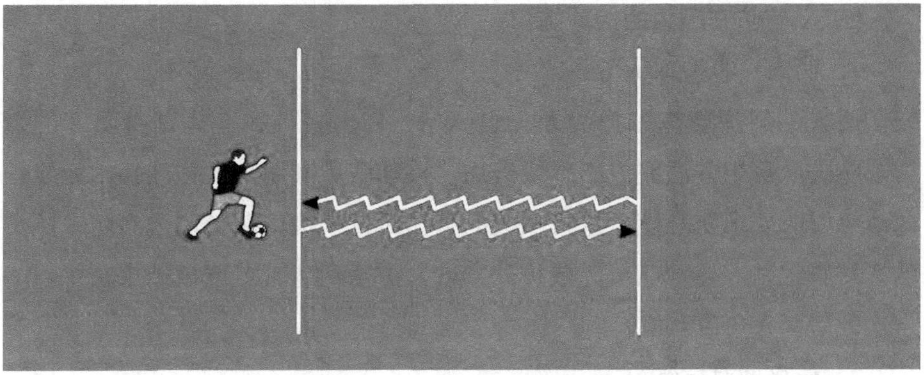

图2-6-2　往返运球练习

5．变向运球练习

变向运球练习（图2-6-3）指运用多种运球过人的技术动作（包括拨、扣、拉等）进行变向运球练习。在30米×15米的区域内，放置多个标志物，两个标志物组成一个小门，4～6人同时在此区域内进行多种技术动作的变向运球练习，要求每穿越一个小门后，换另一个小门进行穿越，规定时间内，穿越小门数量多者获胜。

图2-6-3　变向运球练习

（二）有防守压力的控球练习

1．两人一组护球练习

两人一组护球练习指两人一组一球，一人控球，一人贴身防守的练习。防守队员想办法完成断球或破坏，持球队员利用个人控球技术完成护球。练习时要求防守队员进行积极的身体对抗，持球队员用远离防守队员的远端脚控球。持球队员完成护球10秒，护球到达指定区域结束。练习一定次数后两人角色互换。

2．传接球对抗练习

传接球对抗练习指3人一组，其中两人进攻（一人传球，一人接球），一人防守的练习。传球队员传球给接球队员，防守队员迅速靠近上抢，接球队员第一次触球时将球接到便于衔接下一个动作的位置后迅速控球，避免被防守队员直接断球或破坏。练习时要求防守队员距离接球队员3米，在传球队员出球时迅速靠近上抢。传球队员传出不同类型的球（如地滚球、半高球等），帮助接球队员进行技术能力的提高。接球队员要向防守队员上抢方向的反方向接球，并迅速完成对球的保护与控制。练习一定次数后3人角色轮换。

3．小场地4VS4抢截球练习

小场地4VS4抢截球练习指在30米×20米的场地内进行的多球制的抢截球练习，此练习要求双方进行积极对抗，每人至少触球2次，才可将球传给同伴，连续传递5次，对方未能断球或将球破坏即获胜。随着运动员能力的逐步提高，可增加连续传递的次数，或是增加传球前的触球次数来增加获胜难度。

4．半场攻防比赛

半场攻防比赛指利用半场区域进行半场攻防实战对抗。半场攻防比赛通常设置限制性条件：①进攻方个人触球2次及以上方可传球，一方连续控球1分钟以上射门得分视为有效。②随着运动员能力的逐步提高可增加限制性条件，如完成1分钟或时间更长的控球，并完成10～15次传球后射门得分视为有效，此练习不设置守门员。

第七节　射门

一、射门在比赛中的意义

射门是足球比赛中重要的技术，足球比赛取胜是由比赛双方进球数决定的，过人、配合等都是为射门服务的。精彩的射门给人以视觉享受，让人难以忘怀。学会射门技术，练好射门脚法，做出合理的射门线路选择，才能在瞬息万变的比赛中及时选择合理且高效的射门方式，从而大大提高进球的成功率。

二、常用的射门技术

足球比赛场上的射门既可以用脚射门，也可以用头顶球射门，还可以用身体其他合法部位将球撞进球门，这里主要介绍用不同脚法射门的技术。

（一）脚背正面射门

脚背正面射门的技术要领：直线助跑，支撑脚放在离球侧一拳处，支撑脚脚尖指向射门方向，膝关节微屈。支撑脚前跨的同时（最后一步支撑要跨大步至球侧平行于球），踢球腿大腿顺势后摆，小腿后屈。前摆时，大腿以髋关节为轴带动小腿前摆，当膝关节摆至接近球体上方时，小腿加速前摆，脚背绷直，脚趾扣紧，以脚背正面击球的后中部。踝关节锁死，击球后，踢球腿顺势前摆。（图2–7–1）

脚背正面射门的击球部位在系鞋带的部位，其摆幅相对较大，摆踢动作顺畅快速，便于发力，踢出的球力量大，球速快但出球路线变化较少，适合正向来球或球在身体侧前方且与身体夹角较小时运用，如比赛中罚球区外的大力射门。

图2-7-1　脚背正面射门

（二）脚背内侧射门

脚背内侧射门的技术要领：斜线助跑，助跑方向与出球方向约成45°角，支撑脚落至球侧后方约两拳的位置，支撑脚脚尖指向射门方向，膝关节微屈，身体重心稍倾向支撑脚一侧。支撑脚落地的同时，踢球腿大腿带动小腿由外后向前内略呈弧线摆动，膝关节、踝关节稍外旋，当膝关节摆至接近球体的内侧上方时，小腿加速前摆。击球时脚背绷直，脚趾扣紧，以脚背内侧击球的后中下部。击球后，踢球腿顺势前摆。（图2-7-2）

图2-7-2　脚背内侧射门

脚背内侧射门摆踢动作顺畅，幅度大，脚触球面积大，出球平稳有力，出球路线变化多，适合球在身体侧前方或身体侧向球门横向跑动时运用。脚背内侧射门技术在比赛中用于近、中、远距离的射门。

（三）脚内侧射门

脚内侧射门的技术要领：直线助跑，支撑脚落至球侧约一拳处，平行于球，膝关节微屈，支撑脚脚尖指向射门方向。踢球腿以髋关节为轴由后向前摆动，膝关节、踝关节外展，脚尖稍翘，以脚内侧对准来球，当膝关节摆至接近球体上方时，小腿加速前摆，击球瞬间，脚跟前顶，脚形固定，用脚内侧击球的后中部。（图2–7–3）

图2-7-3　脚内侧射门

脚内侧是踢球时经常使用的部位，触球面积比脚的其他部位触球面积大，踢球时可以更容易控制球，稳定性和准确性最佳。脚内侧射门技术在比赛中用于罚球区内的推射或半高球的抢点垫射等。

（四）脚背外侧射门

脚背外侧射门的技术要领：身体正对球的方向，其动作方法类似脚背正面射门。摆腿时，脚面绷直，脚趾扣紧，用脚背外侧击球的后中部。击球后，踢球腿顺势前摆。（图2–7–4）

图2–7–4　脚背外侧射门

脚背外侧射门预摆动作小，出脚快，利用膝关节、踝关节的灵活变化改变出球的方向，具有一定的隐蔽性。脚背外侧射门技术在比赛中用于近距离的拨射、凌空抽射，也可以用于远距离大力外旋弧线球射门。

（五）其余部位射门

1．脚尖捅射

脚尖捅射速度快、突然，具有隐蔽性，适用于罚球区内的近距离射门以及球离身体较远，或在罚球区内防守队员密集，没有足够的摆腿空间和时机时使用，门前混战时也常使用脚尖捅射技术。

2．脚跟射门

脚跟射门动作突然、隐蔽性强，发生于身体背向球门时，多用于门前乱战以及球员的即兴射门。

3．铲射

铲射是将球铲进球门，用于门前包抄抢点射门。当球远离身体，正常动作无法触及球时，可利用铲球动作延展身体。

常用射门脚法在比赛中的应用情况分析见表2-7-1，击球点与可能的出球线路见表2-7-2。

表 2-7-1　常用射门脚法在比赛中的应用情况分析

射门脚法	比赛中的射门应用情况
脚背正面射门	近射、大力射门、反弹球射门、吊射、挑射、卧射、凌空抽射、倒勾射门
脚背内侧射门	近射、远射、反弹球射门、吊射、挑射、卧射、凌空抽射、倒勾射门、弧线球（内旋香蕉球）
脚背外侧射门	近射、远射、反弹球射门、吊射、挑射、卧射、凌空抽射、倒勾射门、弧线球（外旋香蕉球）
脚内侧射门	近射、反弹球射门、吊射、抢点垫射、弧线球（内旋香蕉球）

表 2-7-2　击球点与可能的出球线路

击球点	出球线路
后中部	地滚球、低平球
后中下部	半高球
后下部	斜向前上方的高球

续表

击球点	出球线路
下部	向上的高球
后上部	向前下方的下落球
后下偏右	向左斜前方的空中球
后下偏左	向右斜前方的空中球
右侧	向左的来球
左侧	向右的来球

三、射门的基本要求

一般来说，比赛中的射门机会并不是特别多，射门队员要创造出好的射门机会，尽可能地提高射门质量，在一瞬间合理选择最有把握的脚法、线路、力量完成射门，力争进球。要提高射门成功率，射门队员应做到以下几点：

（1）射门前要提前观察守门员的位置，以及预判防守队员上前的封堵路线，在一瞬间选择射门的时机、脚法、角度等。然后注意力聚焦到球上，做好支撑脚选位、身体重心控制，选好脚触球部位和击球点，做好脚形的控制以及击球后的随摆动作。

（2）注意心态平稳、用力适度，切忌盲目发力射门。

（3）具备两只脚射门的能力。

（4）对于一些非常规的射门动作要具有想象力、创造力。

四、射门的练习方法

（一）固定球射门练习

1．对球门墙进行射门练习

对球门墙进行射门练习（图2–7–5）指在距离球门墙16.5～25米的区域摆放足球，进行脚背正面、脚背内侧、脚背外侧的射门练习。可在球门墙上设置分数区域，球门的左上角、右上角、右下角、左下角等作为分数较高的射门的目标区域，这也是比赛中守门员难以覆盖的区域。随着射门队员能力的逐步提高可增加射门距离。

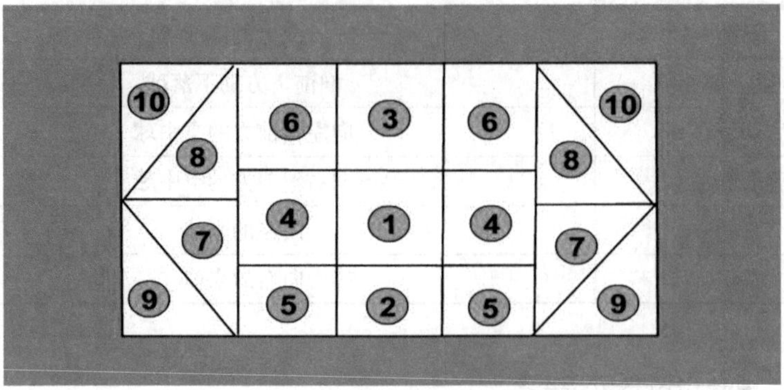

图2-7-5　对球门墙进行射门练习

2．罚球区外的固定球射门练习（不设置守门员）

罚球区外的固定球射门练习指在距离球门16.5～25米的区域进行助跑射固定球的练习，要求运用不同脚法，将球射进球门。球摆放在该区域内的任意位置（正对球门、罚球区外偏左、罚球区外偏右）进行射门。射门前射门队员要对准备射出的球有明确的思路（如球速、角度、旋转、弧线等）。随着射门队员能力的逐步提高可增加射门距离。

3．罚球区外的固定球射门练习（设置守门员）

罚球区外的固定球射门练习指在距离球门16.5～25米的区域进行助跑射固定球的练习，要求运用不同脚法，突破守门员的防守，将球射进球门。将球摆放在该区域内的任意位置（正对球门、罚球区外偏左、罚球区外偏右）进行射门，射门前射门队员要对准备射出的球有明确的思路（如球速、角度、旋转、弧线等）。随着射门队员能力的逐步提高可增加射门距离。

4．定位球射门练习

定位球射门练习指在罚球区外距球门20～30米的区域进行助跑射定位球的练习。设置充气假人模拟人墙或者排列人墙。重点练习直线大力射门、弧线球（香蕉球、落叶球）射门。随着射门队员能力的逐步提高可增加射门距离。

（二）运球射门练习

1．直线运球射门练习

直线运球射门练习指运球10～15米后，在罚球区外完成射门，要求运球快速，射门脚法正确，运球射门一气呵成。随着射门队员能力的逐步提高可设置守门员，射门队员要逐步实现按自己的思路（如球速、角度、旋转、弧线等），突破守门员的防守将球射进球门。

2．运球过杆射门练习

运球过杆射门练习指运球10～15米距离，运球区域内设置3～5根标志杆（标志筒、标志碟），标志杆间距固定为2～3米，过杆后在罚球区外完成射门，要求运球快速，射门脚法正确，运球射门一气呵成。随着射门队员能力的逐步提高可设置守门员，射门队员要逐步实现按自己的思路（如球速、角度、旋转、弧线等），突破守门员的防守将球射进球门。

3．五区域运球过人射门练习

五区域运球过人射门练习（图2-7-6）指在罚球区外进行5个区域的假动作运球过人（模拟防守队员）后，在罚球区外完成射门的练习。该练习要求运球过人假动作快速、逼真，射门脚法正确，射门时机、角度选择合理，运球过人射门一气呵成。随着射门队员能力的逐步提高可设置守门员，射门队员要逐步实现按自己的思路（如球速、角度、旋转、弧线等），突破守门员的防守将球射进球门。

4．1VS1实战过人射门练习

1VS1实战过人射门练习（图2-7-7）指在30米×20米的区域内，进行1VS1攻防实战射门练习，增设两名守门员防守两侧球门，率先射进3个球的队伍获胜。进攻队员突破防守后或产生射门角度后即可射门，球出界由对方守门员将球用手抛出继续比赛，如球被守门员扑出可完成补射。球出比赛区域结束，各队更换另一名队员继续比赛。

图2-7-6　五区域运球过人射门练习

图2-7-7　1VS1实战过人射门练习

5. 传接球配合射门练习

（1）两人一组行进间传球射门练习。两人一组行进间传球射门练习指两人一组，从中线相距8～10米处向一侧球门方向进行的连续传球射门练习。练习过程中，在接近罚球弧时，一人传球，另一人不停球直接完成射门，设置守门员。要求最后一传要到位，便于射门队员完成射门。随着射门队员能力的逐步提高，最后一传可以改变线路、落点，帮助射门队员提高在罚球区附近的综合射门能力。

（2）接传球射门练习。接传球射门练习指每人一球排成一路纵队进行的射门练习。射门队员将球传给罚球弧附近的教练员（同伴），然后迅速向前跑动，接教练员（同伴）的传球后，不停球直接完成射门，设置守门员。随着射门队员能力的逐步提高，教练员（同伴）给射门队员不同线路和落点的球，帮助射门队员提高在罚球区附近的综合射门能力。

（3）门前包抄抢点射门练习。门前包抄抢点射门练习指两人一组一球，边路区域队员（传球队员）拿球，带球快速内切下底横传门前（小禁区线与点球点之间）或倒三角传球至点球点附近，射门队员从罚球弧附近起动包抄，直接完成门前抢点射门（如推射、垫射、铲射、抽射等）的练习，设置守门员。要求传球队员以快速的低平球把球传到位，便于射门队员完成射门。根据射门队员能力的逐步提高也可增加防守队员人数。

（4）接球转身摆脱射门练习。接球转身摆脱射门练习指两人一组一球，持球队员将球传给罚球弧背身接应的同伴，直接完成接球转身，并迅速完成射门的练习，设置守门员。要求接球转身与射门动作一气呵成，并高质量地完成射门。随着射门队员能力的逐步提高可增加一名防守队员贴身防守背身接球队员。

（5）小场地实战对抗练习（图2–7–8）。小场地实战对抗练习指在40米×40米的区域进行4VS4的实战对抗练习。设置两名守门员（两侧球门各一名），多球制（6个球，一侧球门各放3个球），全部射完或球出界休息，轮换下一组队员。要求防守采用人盯人的策略，防守及射门果断。无论是个人突破，还是小组配合，最终目的是创造更好的射门时机和空间，高质量地完成射门，争取进球。根据队员实际能力水平，可以增加一或两名中间人（只参与进攻）形成进攻方的人数优势。

（6）半场攻守实战对抗7VS7。半场攻守实战对抗7VS7指在半场区域进行真实的攻防对抗比赛，在比赛中创造机会完成射门的练习。比赛设置限

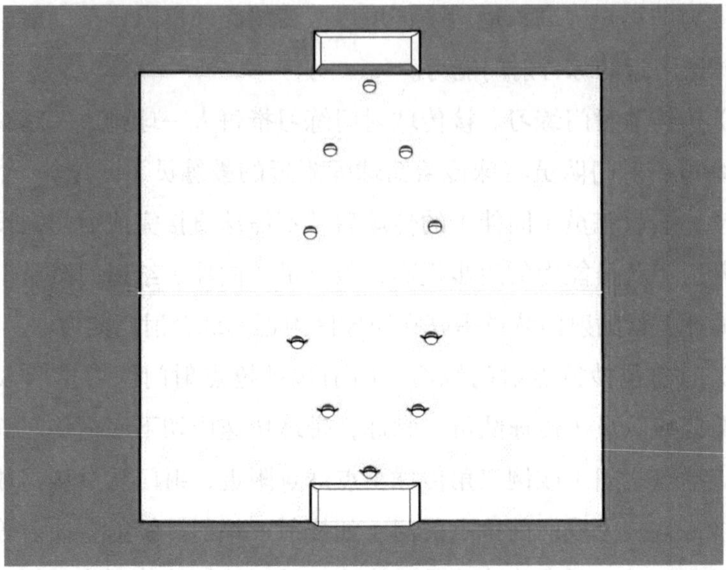

图2-7-8　小场地实战对抗练习

制性规则，以指定脚的各种不同部位射门得分视为有效。要求比赛中选择合适的射门机会，并力争将球踢进门，执行11人制足球比赛规则。

（三）比赛中射门的合理选择分析

（1）射球门两侧的上角和下角（图2-7-9），这些区域一般是守门员难以覆盖的防守范围，容易取得进球。

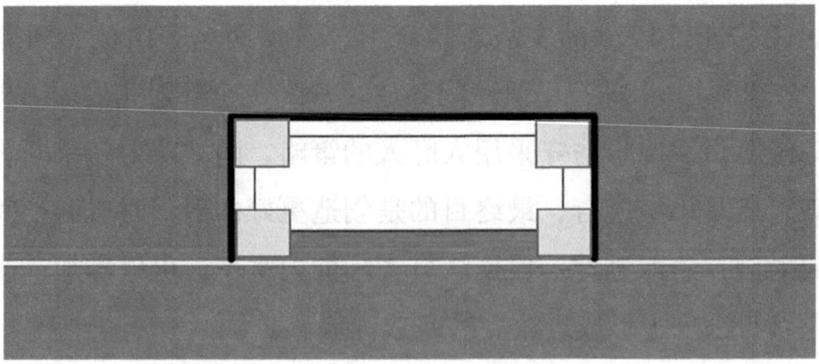

图2-7-9　球门两侧的上角和下角

（2）射地滚球或贴地球时，守门员扑救比较困难，更易造成进球或门前混战。（图2-7-10）

（3）当球在球门偏一侧时，多数情况下守门员会移动到近门柱进行防守，选择球门的远角（守门员的反角）射门更易成功。

（4）当同伴内切下底时，守门员经常出现在前门柱区域防守，此处靠后一些是主要的得分区域，射门队员选择合理的部位完成射门，将球射在守门员身后就很可能得分。

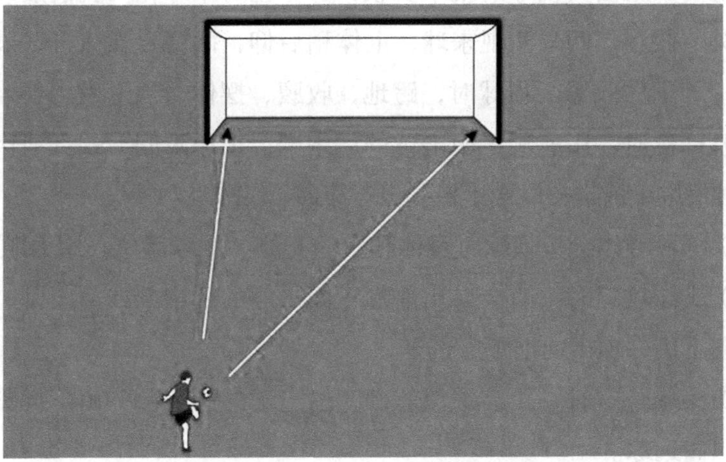

图2-7-10　射地滚球或贴地球

第八节　头顶球

一、头顶球在比赛中的应用

头顶球是运动员有目的地用头将球顶向预定目标的动作。头顶球的击球位置高，是争取时间和空间的主要技术手段。头顶球是足球比赛中的一项重要技术，在进攻中有头球攻门、头球摆渡（传球）、头球接球（卸球），在防守中有头球解围等。头顶球广泛应用于比赛中，如大脚解围、长传冲吊、长传球、下底传中、定位球攻防、界外球攻防等情境下所出现的绝大多数胸部以上高度的空中球的处理。

二、头顶球的技术动作

（一）原地头顶球

头顶球，按顶球部位可分为前额正面头顶球和前额侧面头顶球两种。其中，前额正面头顶球是头顶球技术中最为常见的方式，其特点是触球部位平坦，动作发力顺畅，出球方向容易控制，准确性强，触球平稳有力。

原地前额正面头顶球的技术要领：身体正对来球，两脚前后或平行站立，膝关节微屈，两眼注视来球，上体稍后仰，两臂自然张开，展腹挺胸（成背弓），下颌收紧。顶球时，蹬地、收腹、摆体、顶送发力，当头摆至身体垂直部位时，用前额正面击球的后中部，顶球瞬间，颈部肌肉保持紧张，顶球后继续前送，以便于控制出球方向。（图2–8–1）

（1）练习时体会头顶球时身体和头的姿势、触球部位、用力顺序等。

（2）头球攻门时一般会采用前额正面击球的后中部或后上部，顶出平球或稍向下用力顶出向前下方的球。

（3）头球防守时一般会采用前额正面击球的后下部并由下向斜上方发力，顶出高远球。

（二）原地转体变向头顶球

原地转体变向头顶球是比赛中常用的头顶球方法，与原地头顶球的触球部位、用力顺序基本相同，在头触球的瞬间，迅速完成转体变向头顶球动作。

（三）跑动头顶球

跑动头顶球是在跑动中完成头顶球，是足球比赛中常用的技术，适用于处理与头平高或稍低的空中球。跑动头顶球身体和头的姿势、触球部位、用力顺序等与原地头顶球基本相同，但需要在跑动中完成，这加大了技术难度。（图2–8–2）

图2-8-1　原地前额正面头顶球

图2-8-2　跑动头顶球

（四）跳起头顶球

跳起头顶球技术适用于处理高于头顶的空中球。跳起头顶球时，首先选好起跳位置，两脚前后站立，维持身体平衡，掌握好起跳时机。起跳时起跳脚积极蹬地发力，手臂协调向上提摆，以加强起跳力量。起跳后，展腹挺胸，形成背弓，两眼紧盯来球。跳至最高点时，迅速收腹摆体，下颌收紧，前额积极迎球顶送发力。顶球后屈膝缓冲落地时，看清球的飞行路线，以便进行下一个动作。（图2–8–3）

图2-8-3 跳起头顶球

跳起头顶球需预判好球的落点，当球在空中飞行时，顶球队员脚下应积极移动，选择好起跳位置，采用单脚或双脚起跳，并根据球的高度以及自己起跳所能控制的落点决定是否全力起跳。跳起头顶球一般分为三种，具体如下。

1. 单脚起跳头顶球

单脚起跳头顶球是由单脚起跳在空中完成头顶球，适用于跑动中跳起。（图2-8-4）

图2-8-4　单脚起跳头顶球

2. 跳起转体（向左、向右）变向头顶球

跳起转体（向左、向右）变向头顶球是由单脚或双脚起跳在空中完成转体变向头顶球。采用单脚跳起转体变向头顶球时，从右侧来的空中球用左脚起跳向左转体，从左侧来的空中球用右脚起跳向右转体。（图2–8–5）

图2-8-5 跳起转体（向右）变向头顶球

3. 双脚起跳头顶球

双脚起跳头顶球是由双脚起跳在空中完成头顶球，适用于原地跳起或加助跑双脚起跳。（图2–8–6）

（五）鱼跃头顶球

鱼跃头顶球（图2–8–7）是身体在空中向前（向侧）跃起成鱼跃的动作完成头顶球，是高难度的头顶球技术，适用于进攻中的鱼跃头顶射门和防守中的鱼跃头顶破坏、解围等。鱼跃头顶球时，顶球队员要判断球在空中的运行线路、跃起时间和触球点，控制身体在空中的姿势，以顶出理想的球。鱼跃头顶球一般分为单脚起跳鱼跃头顶球和双脚起跳鱼跃头顶球两种。

图2-8-6　双脚起跳头顶球

图2-8-7　鱼跃头顶球

1．单脚起跳鱼跃头顶球

单脚起跳鱼跃头顶球是由单脚起跳完成鱼跃头顶球，适用于跑动中起跳。

2．双脚起跳鱼跃头顶球

双脚起跳鱼跃头顶球是由双脚起跳完成鱼跃头顶球，适用于原地起跳。

（六）其他头顶球

在比赛中还有一些即兴发挥的技巧性头顶球，具体如下。

1．蹭顶

蹭顶是用头将球后蹭，适用于罚角球或靠近罚球区的大力掷界外球场景，队员将空中球后蹭，传给身后的同伴或向后蹭顶攻门等。

2．点顶

点顶是用前额将空中球点给同伴，要用卸力动作减缓球速、降低高度，便于同伴接球。

3．冲顶

冲顶是在高速奔跑中抢在对方之前用头将球顶出，多用于射门或解围破坏。

三、头顶球的基本要求

（1）克服对球的恐惧心理，敢于用头做顶球处理，避免头击球瞬间低头、闭眼和缩颈。

（2）判断好球的落点，把握好起跳时机，控制好头触球的部位，做好各个环节的技术动作。

（3）充分运用好腰腹力量和腿部力量，并通过正确的技术动作将球顶出，以加大头顶球的力度，提高头顶球的准确性。

四、头顶球的练习方法

1. 对墙头顶球练习

对墙头顶球练习是将球抛起后用头顶向墙，或将球抛向墙，用头顶反弹回来的球的练习。练习时，可以两人一组，一人抛球，另一人将抛起的球顶向墙上目标区域，或顶同伴抛向墙反弹回来的球。注意：练习时要明确一个目标位置，尽可能将球顶向该目标位置。

2. 两人互抛头顶球练习

两人互抛头顶球练习是两人一组，迎面站立，一人抛球，另一人进行头顶球的练习，达到规定次数后两人互换角色。注意：练习时可调整两人之间的距离，以及将球顶到不同目标，如顶到抛球同伴胸前位置、脚下区域、越过头顶的身后区域等。

3. 对踢头顶球练习

对踢头顶球练习是两人一组，相距25～30米，相互用长传空中球或抛踢高球的方法进行头顶球的练习。注意：练习时要明确一个目标位置，尽可能将球顶向该目标位置。

4. 变向头顶球练习

变向头顶球练习是3人（A、B、C）一组，呈三角形站位，各相距8～10米，队员A抛球给队员B，队员B变向头顶球给队员C，队员C再用手抛球给队员B，队员B变向头顶球给队员A的练习。练习一定次数后换人进行变向头顶球练习，依次循环。

5. 跑动头顶球练习

（1）两人一组，对顶球练习，连续对顶球不落地。注意：练习时两人间距不宜过大，脚下随时移动。

（2）3人（A、B、C）一组一球，呈三角形站位，队员A、队员C正面跑动，队员B后退跑动。在跑动中队员A用手抛球或用脚传高球给队员B，队员B变向头顶球给队员C，队员C再用手抛球或用脚传高球给队员B，队员B变向头顶球给队员A。练习时要求抛球或传高球队员将球抛、传到位，顶球队员用头将球顶至接球队员胸前。练习一定次数后互换角色，依次循环。

（3）两人一组，在跑动中相互用脚传出长传球做头顶球练习。

6. 跑动中跳起头顶球及争顶头球练习

（1）边路传中争顶练习，5人一组，一人传中（空中球），两人争顶头球射门，两人做防守队员。练习一定次数后，5人角色轮换。练习时要求传中同伴将球传准，头球进攻队员摆脱防守后突然加速，为自己的头球攻门摆脱防守干扰，创造空间。防守队员要选择既能兼顾来球方向又能观察到进攻队员的位置进行防守。

（2）多人角球实战攻防练习，7人以上参与练习，其中一人主罚角球，其余人分成进攻和防守两个阵营，身穿分队背心进行区分。练习一定次数后，攻防双方互换角色，更换主罚角球的队员。练习时防守方采用比赛中最常见的角球防守策略——区域+盯人防守的方式进行防守。

（3）多人任意球实战攻防练习，7人以上参与练习，其中一人主罚任意球（前场靠近罚球区的边路区域或45°位置）进行传中，不允许直接射门，其余人分成进攻和防守两个阵营，身穿分队背心进行区分。练习一定次数后，攻防双方互换角色，更换主罚任意球的队员。练习时防守方采用比赛中最常见的任意球防守策略——区域防守的方式进行防守。

7. 冲顶和鱼跃头顶球练习

冲顶和鱼跃头顶球练习是一抛一顶练习，练习中两人一组，一人抛球，另一人进行冲顶或鱼跃头顶球练习。开始练习时，先在沙坑或者人工草地上铺上垫子，消除队员的恐惧心理，使其将精力全部集中在空中身体姿态以及准确命中击球点上，落地时双手撑地后迅速屈肘自我保护。动作熟练后，逐步脱离垫子、沙坑，在人造草足球场或天然草皮足球场进行练习。抛球队员注意将球抛在顶球队员身前区域。

8. 头顶球对抗练习

（1）在30米×60米的场区内，设置两个边路区域，罚球区内攻防双方进行5VS5对抗争顶练习。两个边路区域设置两名中间人，进行边路的空中球传中。练习中攻防双方均有攻守方向，进攻方头球攻门，防守方将球解围至两个边路区域，视为成功防守。练习一定次数后，攻防双方轮换。（图2-8-8）

图2-8-8　5VS5对抗争顶练习

（2）半场攻防对抗比赛。比赛设置限制性规则，头顶球得分视为有效，要求通过传导配合分边，边路传中为主要进攻手段，比赛中获得的角球、任意球（传中），所有界外球由脚罚出，长传冲吊至对方罚球区内由双方进行争顶。

第九节　掷界外球

一、掷界外球在比赛中的意义

掷界外球是继续比赛的一种方式。在足球比赛中，当球的整体不论从地面还是空中越过边线时，都属于死球状态，判给球出边线前最后触球一方的对方在球出边线的位置上，通过掷界外球恢复比赛。

掷界外球是本队进攻的开始，可以采用多种进攻战术。比如，直接掷给同伴，通常将球掷到接应同伴脚下、胸部或头部位置，由接应同伴根据情况进行处理：接球摆脱防守，或将球直接传给其他同伴，或将球回传给掷球队员。此外，掷球队员可以将球掷到空当处，由接应同伴插上接球继续保持进攻态势。同时，技术的选择要满足本方的战术需要或由所发生的场区决定。靠近对方底线位置获得界外球，可采用大力掷界外球战术。

二、相关规则解读

（1）掷球队员在掷球瞬间任意一只脚的部分站在边线上或边线外（不许离地，可滑动或后跟抬起），两手持球，面向场地，从头后经头顶用连贯的动作将球向前掷出。

（2）界外球掷出后，第一名接球的本方队员无论位置如何均不存在越位判罚。

（3）掷界外球不能直接进球得分。

（4）掷界外球违例，判由对方在球出界地点掷界外球。

掷界外球规则解读如图2-9-1所示。

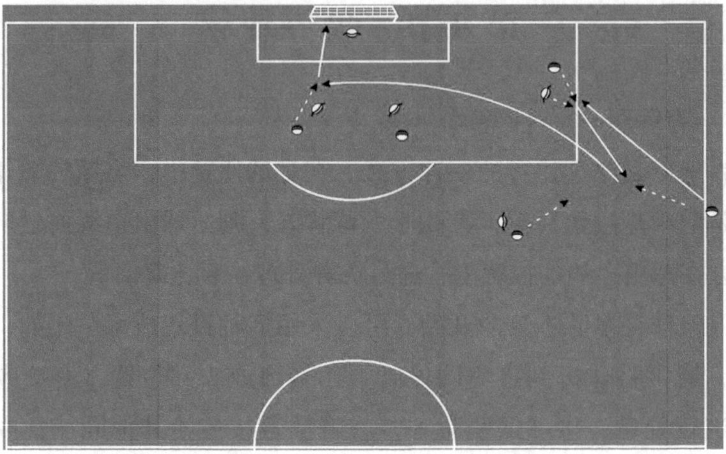

图2-9-1　掷界外球规则解读

三、掷界外球的方法

（一）原地掷界外球

原地掷界外球的技术要领：掷球队员面对出球方向，两脚前后站立或左右站立，持球动作和脚的动作均要符合规则。（图2-9-2）

（二）助跑掷界外球

助跑掷界外球的技术要领：掷球队员两手持球于胸前，助跑最后一步时与原地掷界外球相同。（图2-9-3）

（三）大力掷界外球

大力掷界外球的技术要领与助跑掷界外球的技术要领相同，能达到远距离或超远距离的掷球效果。大力掷界外球通常是球队的既定战术，包括：

（1）掷向对方身后区域，由接应同伴前插接球。

（2）掷给埋伏在对方危险区域内处于越位位置的同伴，直接对对方球门造成威胁。

（3）在对方半场靠近底线或罚球区附近的边线，大力向对方罚球区内掷界外球，给对手造成类似传中或角球的威胁。

图2-9-2　原地掷界外球

图2-9-3　助跑掷界外球

四、掷界外球的练习方法

（一）掷界外球技术动作练习

（1）一人对墙进行掷界外球练习。

（2）两人一组，面对面站立，利用球场的标志线作为边线，相互掷界外球，根据两人距离的远近进行原地掷界外球、助跑掷界外球和大力掷界外球练习。

（3）3人一组，第一人掷界外球，第二人迎上来接球，第三人快速跑动前插接球，分别练习近距离和远距离掷界外球。练习一定次数后，3人角色互换，依次循环。

（4）多人练习时，可将人员分为两组，一组队员围个大圈，彼此间距5米，该组队员进行掷界外球练习，另一组队员在圈内，进行跑动接应界外球练习。同样，也可将圈内人员细分为接应队员、无球跑动队员、防守队员，让接应队员在一定压力下进行接应界外球练习。

（二）掷界外球战术配合练习

1. 3人配合掷界外球战术练习

示例1：A队员掷界外球，B队员主动靠近接应，C队员向斜前空当处前插跑动接应，A队员将球掷到空当处由C队员前插接应（图2–9–4）。要求B队员靠近接应时大声呼喊要球，吸引防守队员注意，接应时摆脱要快速、突然。

示例2：A队员掷界外球，C队员先向空当处前插接应，B队员靠近接应，A队员将球掷给靠近接应的B队员（图2–9–5）。要求C队员前插接应时大声呼喊要球，吸引防守队员的注意，接应时摆脱要快速、突然。A队员掷球要到位，或者远离防守队员。

示例3：A队员掷界外球，C队员向边路斜插接应，B队员回撤接应，在靠近A队员时，突然向空当处变向接球。A队员将球掷给B队员（图2–9–6）。要求注意配合时机，接应队员无球变向摆脱防守要突然，并大声呼喊或用手势提醒掷界外球队员明确掷球方向。

示例4：A队员掷界外球，C队员迎上接球，B队员沿边路前插接球，B队员突然横向内切要球，A队员将球掷给B队员（图2-9-7）。要求C队员迎上接球时大声呼喊要球，接应队员无球变向摆脱防守要突然，并大声呼喊或用手势提醒掷界外球队员明确掷球方向。

图2-9-4　3人配合掷界外球战术练习（1）

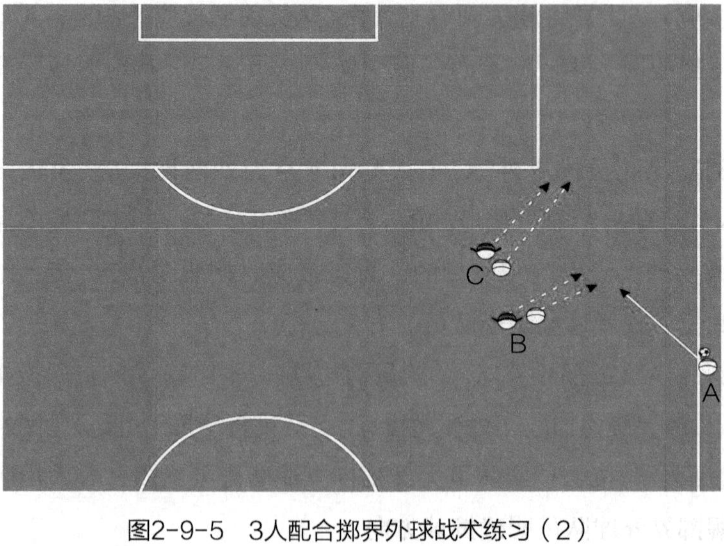

图2-9-5　3人配合掷界外球战术练习（2）

图2-9-6　3人配合掷界外球战术练习（3）

图2-9-7　3人配合掷界外球战术练习（4）

示例5：A队员掷界外球，B队员、C队员同时迎上接球，当B队员接近A队员时突然沿边路前插要球，A队员将球掷给B队员（图2-9-8）。C队员迎上接球时大声呼喊要球，吸引防守队员注意，接应时摆脱变向要快速、突然。

图2-9-8　3人配合掷界外球战术练习（5）

2．4人配合掷界外球战术练习

示例1：A队员掷界外球，D队员向右边路斜插接球，C队员迎上接球，A队员将球掷给从中路向前斜插的B队员（图2-9-9）。要求C队员、D队员跑动接应时大声呼喊要球，吸引防守队员注意，接应时摆脱变向要快速、突然。

示例2：A队员掷界外球，B队员、C队员迎上接球，D队员先靠近接球后反向向场中央变向接球，A队员将球掷给D队员（图2-9-10）。要求B队员、C队员跑动接应时大声呼喊要球，吸引防守队员注意，接应时摆脱变向要快速、突然。

图2-9-9　4人配合掷界外球战术练习（1）

图2-9-10　4人配合掷界外球战术练习（2）

3．大力掷界外球战术配合练习

示例1：在罚球区附近做大力掷界外球配合练习。按罚球区前沿任意球的攻防位置站位，由掷球队员大力掷界外球给插上接应的同伴，同伴头球攻门或摆渡给队友形成射门机会。

示例2：在角球区附近做大力掷界外球配合练习。按罚角球的攻防位置站位，由掷球队员大力掷界外球给插向门前抢点的同伴，同伴头球攻门或摆渡给队友形成射门机会。

4．对抗练习中运用掷界外球战术

对抗练习中运用掷界外球战术是结合队内的半场攻守和分队比赛，运用掷界外球技术，演练各种战术配合方法。

第十节　守门员技术

一、守门员职能概述

在一支球队中，守门员的主要任务是守住本队球门，同时，要组织与指挥全队的进攻与防守。守门员角色既特殊又重要，特殊是因为他是场上唯一可以用手触球的队员，重要则体现为他是本队的最后一道防线，他的失误将导致本队比赛失利。

二、常用的守门员技术

常用的守门员技术包括准备姿势、选位、步伐移动、接球、扑球、拳击球、托球、发球等。

（一）准备姿势

两脚分开与肩同宽，身体重心落至前脚掌，两手张开，掌心向下，置于腰部两侧，头部稍向前，目视来球。（图2-10-1）

图2-10-1　准备姿势

（二）选位

球门空间比较大，占据有利位置对提高守门员的防守能力是非常重要的。守门员的选位应在球与两球门柱所形成的夹角平分线上。

当球在中场附近时，守门员可适当往前站些，选位时，既要考虑不能让对方吊高球入门，又要能随时出击。当球逼近罚球区时，守门员应适当后退到球门线附近，并根据球的运行方向选好封堵的角度。当球在本方半场两侧边线或角球弧附近时，守门员应站在靠近球所在边线的门柱附近。当球到近端球门线时，守门员应站在近端门柱旁。（图2–10–2）

图2-10-2　选位

（三）步伐移动

守门员接球前正确地进行步伐移动，可扩大防守面积。步伐移动分为交叉式步伐移动和侧滑式步伐移动两种。

1. 交叉式步法移动

交叉式步伐移动如图2–10–3所示。

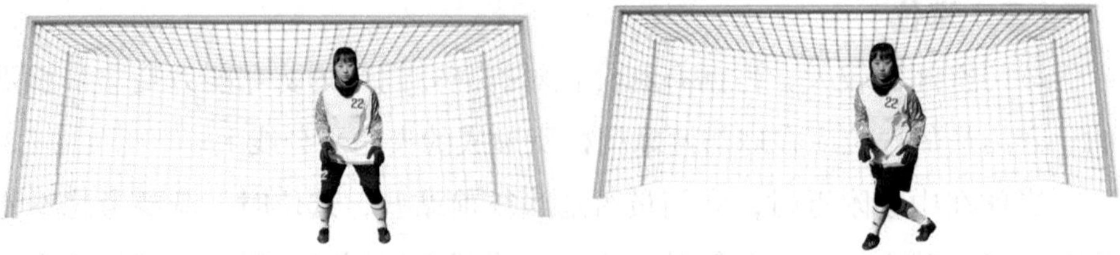

图2-10-3　交叉式步伐移动

2. 侧滑式步伐移动

侧滑式步伐移动如图2-10-4所示。

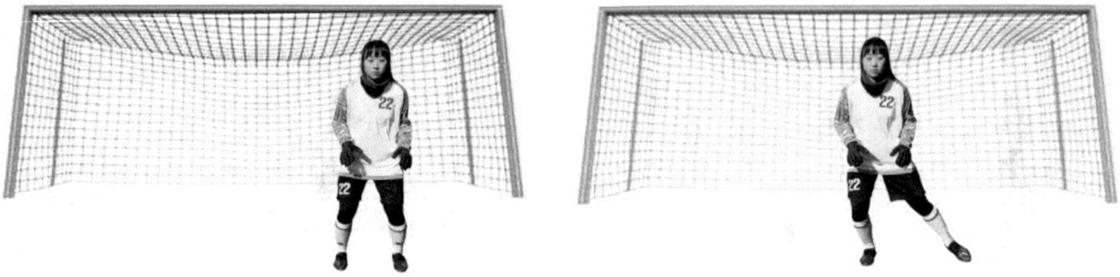

图2-10-4　侧滑式步伐移动

（四）接球

守门员接球技术包括以下几种。

1. 接地面球

（1）两脚直立式接地面球：身体正对来球，两眼注视来球，两腿自然伸直，上体前屈，两臂微屈前迎，掌心正对来球，两手小指靠近，手指微屈，手形呈碗状，手指、手掌触球瞬间要屈肘、屈腕，随球后撤缓冲，两臂靠拢将球抱于胸前。（图2-10-5）

图2-10-5　两脚直立式接地面球

（2）单膝跪撑式接地面球：身体正对来球，两眼注视来球，准备接球时两脚左右开立，一条腿屈膝深蹲，另一条腿屈膝，以膝关节触及地面。跪撑腿的膝关节靠近屈膝腿的脚跟部位，距离不大于球的半径。上体前倾，掌心正对来球，两手小指靠近，屈腕，两臂下垂略屈前迎，手形呈碗状，手指、手掌触球瞬间要屈肘、屈腕，随球后撤缓冲，将球抱于胸前。（图2–10–6）

图2-10-6　单膝跪撑式接地面球

2．接平直球

对手射来的平直球，往往力量较大，因此守门员在接平直球时，两手应尽量前伸，触球时可起缓冲作用；身体轻度弯曲，将球牢牢抱于胸前。（图2–10–7）

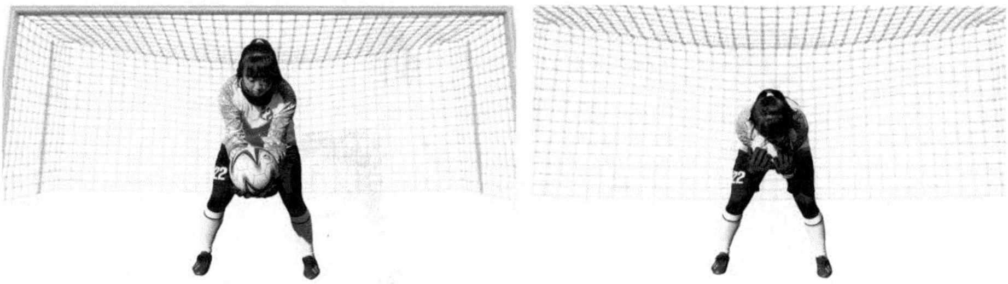

图2-10-7　接平直球

3．接高空球

接高空球时，两臂上举，手指向上，掌心向前稍内倾，两手手指分开，拇指靠拢。接高空球分为原地站立接高空球和跳起接高空球两种。

（1）原地站立接高空球：正对来球，两臂迎球上伸，两拇指相靠，接球位置应在身体前上方，当手触球的前中部时翻腕，将球抱于胸前。为了

达到缓冲的目的，两手应伸至体前30厘米处。（图2-10-8）

图2-10-8　原地站立接高空球

（2）跳起接高空球：为了增大控制面，尽早接到球，守门员可跳起接高空球。跳起接高空球与原地站立接高空球的不同之处是要先判断好来球，选择正确的起跳时间，接球点应在跳起的最高处。其他动作与原地站立接高空球相同。（图2-10-9）

图2-10-9　跳起接高空球

练习方法：

（1）四方向移动练习：守门员站在四点中间，做好准备姿势，按照前、后、左、右的顺序快速移动，或按照教练员指示进行移动。（图2-10-10）

（2）接正面地滚球或高空球练习。（图2-10-11）

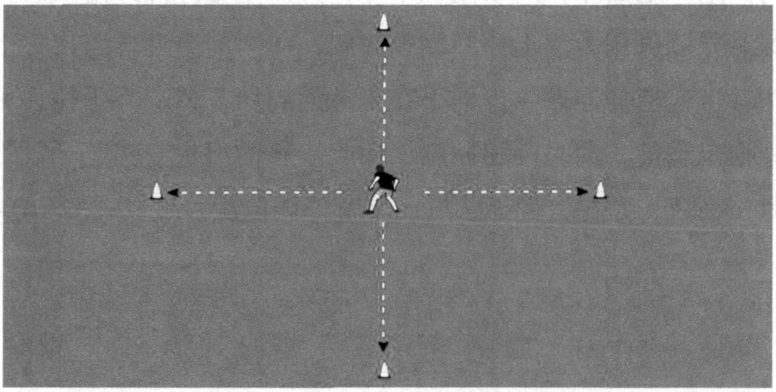

图2-10-10　四方向移动练习

图2-10-11　接正面地滚球或高空球练习

（五）扑球

守门员在移动中无法接到对方射来的球时，常采用扑球的方法进行防守。

扑球的主要方法有两种：一种是身体没有完全离地的腾空侧扑，常用于扑接速度较快或离守门员身体较远的地滚球；另一种是身体完全离地腾空的鱼跃式扑球。

1. 侧向倒地扑地面球

侧向倒地扑地面球，两眼注视来球，身体重心降低并落至两脚的前脚掌，扑球时异侧脚用力蹬地，同侧腿屈膝，向斜前方迎球跨出，上体顺势倒地，两臂迅速前伸迎球。近地手在来球前封堵，另一只手按住来球，并迅速将球抱于胸前，同时两腿屈膝，回收于胸前保护身体躯干。守门员侧扑倒地时，小腿、大腿、臀部、肩、手臂外侧依次着地。（图2–10–12）

图2–10–12　侧向倒地扑地面球

2. 扑前锋脚下球

扑前锋脚下球与侧向倒地扑地面球相似。在对方推球脚着地的瞬间快速前扑，身体横展，封住角度，屈体抱住球，接球后应注意团身保护。（图2–10–13）

图2–10–13　扑前锋脚下球

3. 扑平直球

扑平直球常用于侧面扑球、截断传中球及前跃断球等。首先判断好来球，扑球同侧脚跨一大步，异侧脚用力蹬地，展体伸臂，掌心对准来球，用手指抓住球，接到球后，肩部、臀部、腿依次落地，注意团身保护。（图2–10–14）

图2-10-14　扑平直球

4. 扑高球

扑高球包括侧面扑高球与正面扑高球，这里仅介绍侧面扑高球。侧面扑高球时，身体正对来球，两眼注视来球，身体重心迅速向球飞行一侧移动，当身体重心移到起跳脚时，起跳脚用力蹬地，使身体向来球方向腾空跃出。同时，身体充分伸展，两臂向球伸出以碗状手接球。两手持球后屈肘，以前臂、肩部、上体侧面、下肢顺势依次落地，并迅速将球收回到胸腹前，注意团身保护。（图2–10–15）

图2-10-15　扑高球

练习方法：

扑球练习：守门员按左、中、右的顺序进行扑球练习，观察射门队员的动作，快速移动到合适位置进行扑球。可减少标志物进行连续性的扑球练习。（图2-10-16）

图2-10-16　扑球练习

（六）拳击球

拳击球是对方开角球，攻守双方集中在罚球区时，守门员采用的技术。拳击球可分为单拳击球与双拳击球两种。

1．单拳击球

单拳击球的技术要领：在起跳过程中，击球臂位于肩上侧，捏紧拳头，身体稍侧转，当跳至最高点时身体快速回转，以肘带动肩挥拳，以拳面击球的后底部。（图2-10-17）

图2-10-17　单拳击球

2．双拳击球

双拳击球的技术要领：在起跳过程中，双拳握紧，屈肘于胸前，双拳并拢，拳心相对，在跳至最高点时用双拳同时将来球击出。（图2-10-18）

图2-10-18　双拳击球

（七）托球

守门员没有把握扑住球，或守门员跳起难以接好高球时，可采用托球，即用手掌或手指轻轻击球，使其越过横梁或立柱。（图2-10-19）

图2-10-19　托球

练习方法：

托球练习：守门员按照左、中、右的顺序进行托球练习，观察踢球队员，选择合适位置进行托球练习。（图2-10-20）

图2-10-20　托球练习

（八）发球

发球是守门员组织发动进攻的技术手段。守门员在组织进攻时，其发球的特点是能快则快，以快为主，保证稳妥。守门员发球包括手发球和脚发球两种。

1. 手发球

手发球分为单手抛低平球、单手肩上掷球和勾手掷球。

（1）单手抛低平球：用于短距离发球。守门员接球后，发现同伴未被对方盯住时，可采用单手抛低平球发动进攻。抛球时，守门员身体侧对出球方向，利用腰部力量的转动，将球从手上送出；后脚蹬地、转体挥臂和甩腕要协调用力，掷球时身体重心要降低。（图2–10–21）

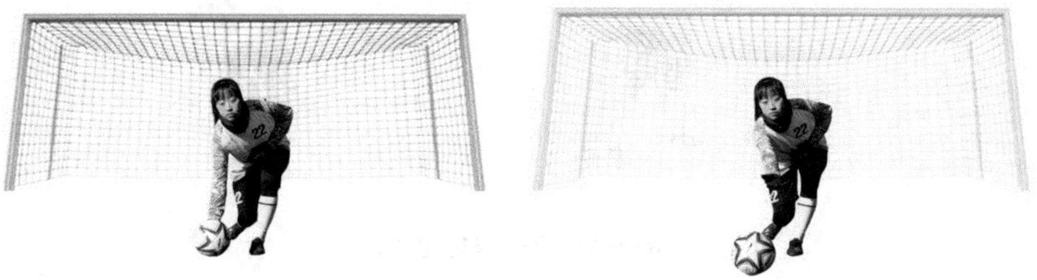

图2-10-21　单手抛低平球

（2）单手肩上掷球：用于中长距离发球。守门员发球时，不仅要注意肩部用力，并在球出手前利用腰部的转动，用力将球送出；还要利用好后脚蹬地、转体挥臂和甩腕的力量，使整个动作连贯一致。（图2–10–22）

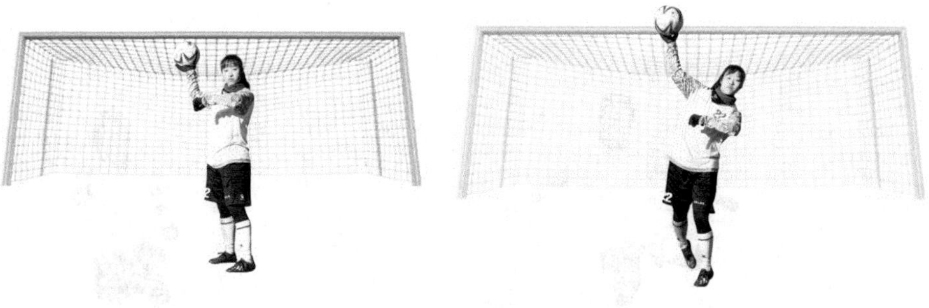

图2-10-22　单手肩上掷球

（3）勾手掷球：力量最大，可掷的距离最远，但准确性较差。守门员发球时，两脚前后开立，腰部扭紧，身体重心移到后脚。单手持球后引，掷球时后蹬发力，迅速转体，持球手臂顺势向上挥臂摆动，将球掷向预定目标。注意：持球手臂应弧线上摆，另一只手臂相应下摆。（图2-10-23）

图2-10-23　勾手掷球

2. 脚发球

脚发球分为凌空发球和反弹发球。

（1）凌空发球：守门员持球在前，踢球脚以髋关节为轴前摆，用脚背正面或脚背外侧在球未落地前击球的底部，击球后踢球脚随出球方向继续前摆。（图2-10-24）

图2-10-24　凌空发球

（2）反弹发球：守门员发球前从体前低抛球，在球落地反弹的瞬间，用脚背正面或脚背外侧击球的底部，踝关节用力，使球沿空中做小于45°的飞行。（图2-10-25）

图2-10-25　反弹发球

练习方法：

（1）接球后发球（地滚球、高空球）。

（2）按方位进行发球练习。（图2-10-26）

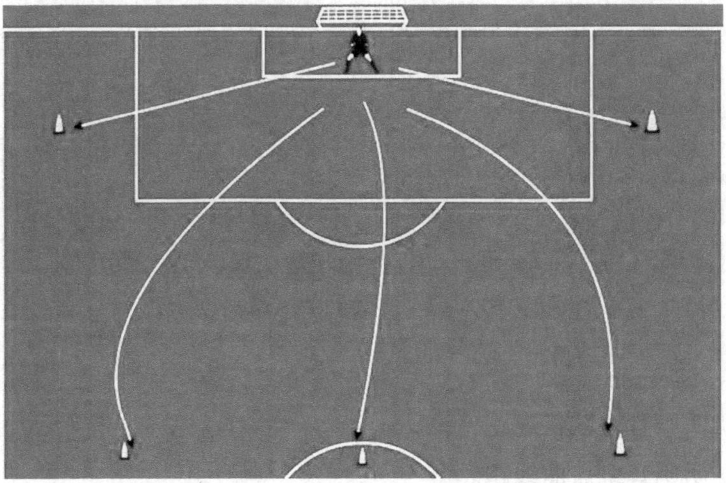

图2-10-26　发球练习

第十一节　无球技术

无球技术是指运动员对进攻和防守原则的理解能力、战术执行能力和比赛阅读能力。在无球状态下，运动员需要快速做出观察、判断、决策等。无球技术是比赛“四个时刻”中均需要具备的通用能力。在青少年足球运动员成长和发展的过程中，无球技术主要体现在四个方面：①起动，如原地起动、活动中起动等。②跑，如快速跑、冲刺跑、曲线跑、折返跑、侧身跑、后退跑等。③急停，如正面急停、转身急停等。④假动作，如无球假动作等。

一、起动练习

（1）原地站立听教练员口令快速起动。

（2）原地纵跳听教练员口令快速起动。

（3）原地坐姿听教练员口令快速起动。

（4）背身坐姿听教练员口令快速起动。

原地起动练习如图2-11-1所示。

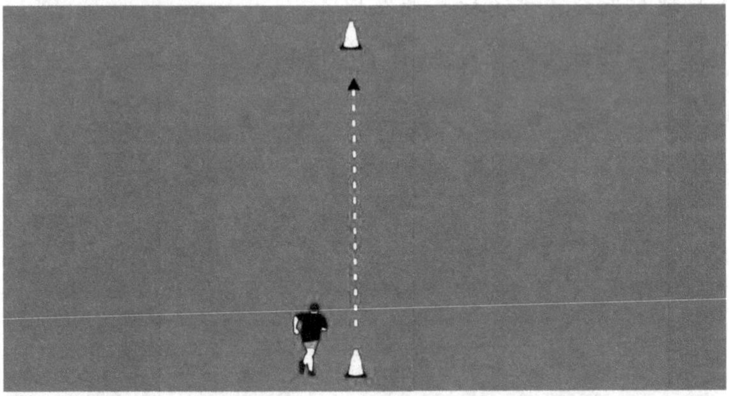

图2-11-1　原地起动练习

二、跑练习

（1）听哨音直线快速跑。

（2）听哨音绕点曲线跑。

（3）听哨音折返跑。

（4）听哨音侧身跑。

（5）听哨音后退跑。

跑练习如图2–11–2所示。

图2–11–2　跑练习

三、急停练习

（1）正面急停后加速跑。

（2）向前加速跑后急停转身加速跑。

（3）前转身后加速跑。

（4）后转身后加速跑。

急停练习如图2–11–3所示。

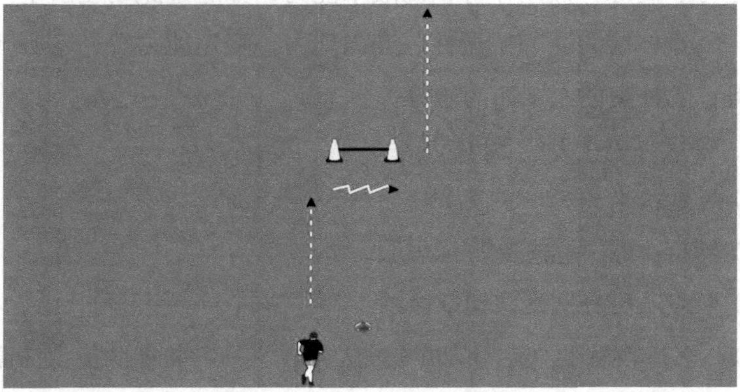

图2–11–3　急停练习

四、假动作练习

快速跑到标志物处运用各种假动作进行穿越。（图2–11–4）

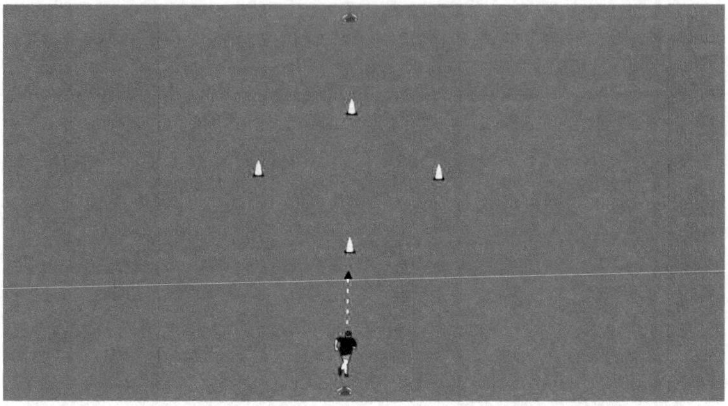

图2-11-4　假动作练习

第十二节　一对一进攻技术

一对一进攻技术是提高运动员一对一突破射门、给同伴创造射门机会、打破对手防守平衡的技术。一对一进攻技术适用于本方控球、由守转攻时。一对一进攻技术可以发展青少年足球运动员的五项能力：①技术能力，如运球、踢球、假动作等；②战术能力，如通过跑动创造空间、进行决策等；③身体能力，如协调性、变向能力、变速能力等；④心智能力，如自信等；⑤社交能力，如沟通等。

一、一对一进攻练习方法一

（1）场地：半场。

（2）器材：球、标志筒、标志服。

（3）两组队员分别站在罚球区前，一组进攻，一组防守。

（4）一名进攻队员（持球队员）设法突破，一名防守队员设法截获球。两名队员必须绕过标志筒，持球队员先起跑，然后防守队员起跑。依次进

行，两组队员都完成后互换角色。（图2–12–1）

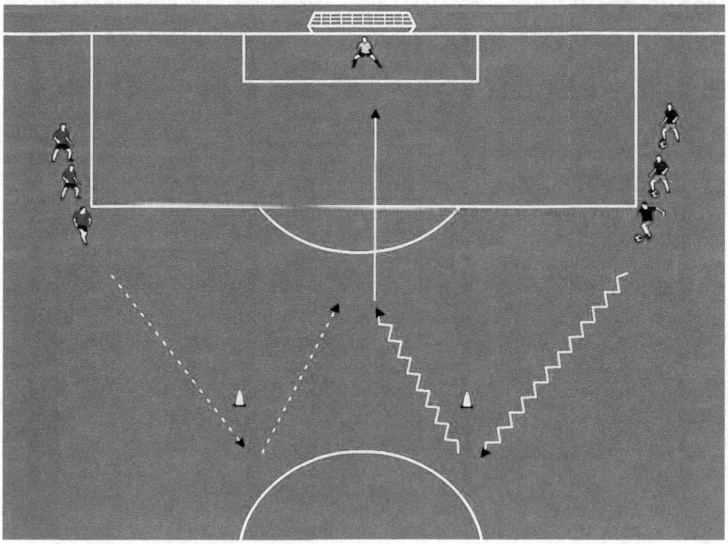

图2–12–1　一对一进攻练习方法一

练习要点：

（1）在变向的过程中要观察对手。

（2）变向要迅速。

（3）利用假动作突破。

（4）利用身体保护球。

二、一对一进攻练习方法二

（1）场地：半场。

（2）器材：球、标志筒、标志服。

（3）3～5名队员在有守门员的标准球门前进行一对一进攻练习。

（4）进攻队员要设法突破防守队员到达球门并射门得分，依次进行。（图2–12–2）

图2-12-2　一对一进攻练习方法二

练习要点：

（1）观察对手。

（2）变向要迅速。

（3）利用假动作突破。

（4）丢球后快速防守。

第十三节　一对一防守技术

一对一防守技术可以提高运动员一对一压迫、抢球和协防的能力。一对一防守技术适用于对方控球、由攻转守时。一对一防守技术可以发展青少年足球运动员的五项能力：①技术能力，如盯球、抢断等；②战术能力，如压迫意识、观察、把握时机等；③身体能力，如灵敏性、加速能力、减速能力等；④心智能力，如自信、耐心等；⑤社交能力，如沟通等。

一、一对一防守练习

（1）目标：提高防守队员的伺机抢断技术。

（2）场地：20米×10米。

（3）器材：球、标志服。

（4）两人一组，一人运球，一人两侧退守。防守队员对持球队员的移动做出反应，保持适当距离，用灵活的脚步移动争取不被对手突破。（图2–13–1）

图2–13–1　一对一防守练习

练习要点：

（1）快速靠近持球队员，注意保持距离。

（2）不要猛扑。

（3）屈膝降低身体重心。

（4）保持耐心。

二、一对一正面防守练习

（1）目标：提高边路、中路队员的个人正面防守能力。

（2）场地：20米×10米。

（3）器材：球、标志筒、标志服。

（4）持球队员按进攻方向将球传给同伴，同伴持球后快速运球至对方两标志筒连线处为胜利。防守队员看到持球队员传球，应快速向持球队员

靠近，伺机抢断球或阻止进攻。（图2-13-2）

图2-13-2　一对一正面防守练习

练习要点：

（1）快速靠近持球队员，注意保持距离。

（2）压迫和驱赶持球队员到边路或其非惯用脚方向，伺机进行抢断球或阻止进攻。

三、一对一背面防守练习

（1）目标：提高边路、中路队员的个人背面防守能力。

（2）场地：20米×10米。

（3）器材：球、标志筒、标志服。

（4）持球队员将球传给在中间标志筒连线处的同伴，同伴向前接球后争取转身摆脱防守队员快速运球至对方两标志筒连线处为胜利。防守队员观察持球队员传球，在持球队员传球瞬间快速靠近接球队员，伺机抢断球。如没机会抢断球，则靠近接到球的对手，使对手背身持球，同时注意防守距离，压迫和驱赶持球队员，迫使其失误或伺机阻断其进攻。（图2-13-3）

图2-13-3　一对一背面防守练习

练习要点：

（1）注意设定边路和中路的进攻位置。

（2）明确进攻方向。

（3）设定时间进行位置转换。

第三章

校园足球战术训练

第一节 足球比赛阵型与队形

一、比赛阵型的萌芽阶段（1860—1924年）

足球运动诞生之初，阵型的概念与今日相比完全不同。那时，由于没有越位的规则，倾巢出击几乎是必须遵守的战术准则，即使是2–2–6和1–2–7这样的阵型也并不罕见，甚至常常有1–9（九锋一卫式）、1–1–8（八锋二卫式），“一窝蜂”踢球和带球是比赛的特征。

随着足球运动职业化程度不断加深，人们也更加意识到场上队员组织的重要性，再加上“3名防守队员”（要求在前锋队员和对方球门之间要有3名防守队员）的越位规则的制定，19世纪末，首个真正意义上的阵型逐渐出现。普雷斯顿足球俱乐部依靠2–3–5阵型（“金字塔”阵型）曾完成了赛季不败的壮举，并赢得了首届英格兰顶级联赛（1888—1889赛季）冠军。该阵型安插了一名中前卫，充当防守与进攻之间的枢纽，中前卫的主要职能是进攻，两名边前卫参与防守，主要防范对方的两名边锋。虽说这时球队已经初步意识到防守的重要性，但从5名前锋的排阵可以看出，进攻仍在基本战术思想中占据主导地位。

二、比赛阵型的平稳发展阶段（1925—1953年）

1925年，国际足球联合会（以下简称“国际足联”）修改了越位规则，促进了技术打法与比赛阵型的改革。1930年，英国人查普曼将“金字塔”阵型中5名前锋中的两名调回中场，再引入第3名后卫，创造了WM阵型（图3–1–1），此阵型风靡全球20多年。

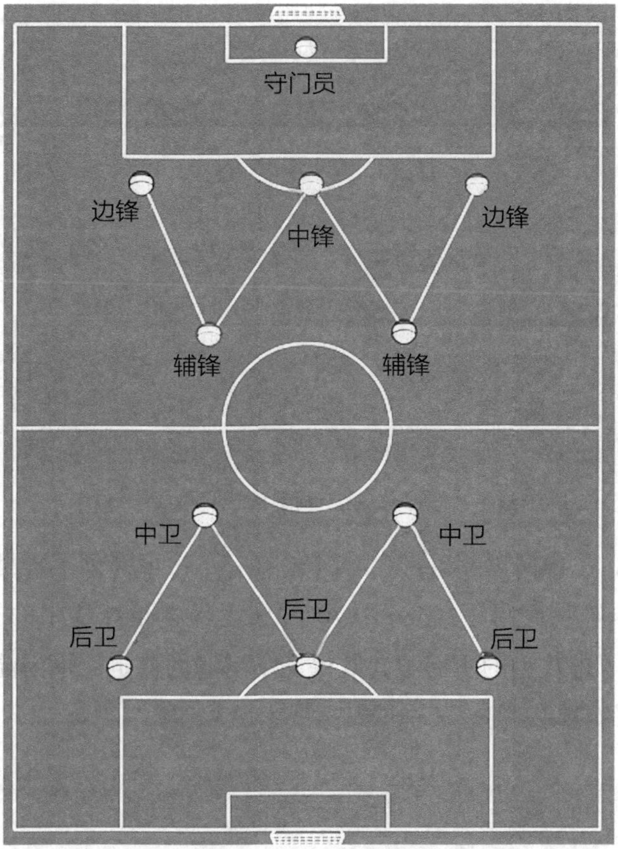

图3-1-1 WM阵型

三、比赛阵型的迅速变革阶段（1954—1974 年）

20世纪50年代初，匈牙利人创造了四前锋式阵型（图3-1-2）。该阵型将中锋后撤，两名内锋突前，依靠锋线队员灵活机动地交叉换位，快速短传渗透。该阵型的主要特点是避开了中卫盯紧射门的中锋，同时充分利用中卫和左边两名边后卫之间的空当，使中卫难以在同一时间内看守两名突前内锋，致使在关键的射门进球区（禁区）漏出致命的空间。这就是威震一时的匈牙利队进攻的关键所在，也是匈牙利队用快速多变的短传和前锋线机动换位取得成功的精髓。

图3-1-2　四前锋式阵型

1958年，巴西队以4-2-4阵型（图3-1-3）再度开创了阵型演变史，他们使用4-2-4阵型夺得了1958—1970年4届世界杯足球赛中的3届冠军。这个阵型引入了进攻型的边后卫，既保证了后场的稳定，也为前场提供了更多自由发挥的空间，促进了全球足球战术的革新。

图3-1-3　4-2-4阵型

四、比赛阵型进一步探索与发展阶段（1975 年至今）

这一时期是现代足球发展最快、变革最深刻的阶段。在1986年第13届和1990年第14届世界杯足球赛中，一些优秀球队采用了3–5–2阵型（图3–1–4）和5–3–2阵型（图3–1–5）。在1994年第15届世界杯足球赛中，一些优秀球队能根据本队的特点，灵活安排阵型和战术打法，随机组合，这标志着足球运动在技战术打法上已趋于稳定成熟。

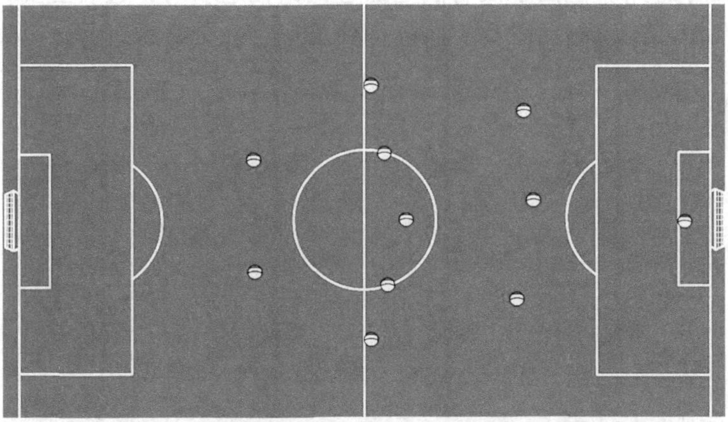

图3–1–4　3–5–2阵型

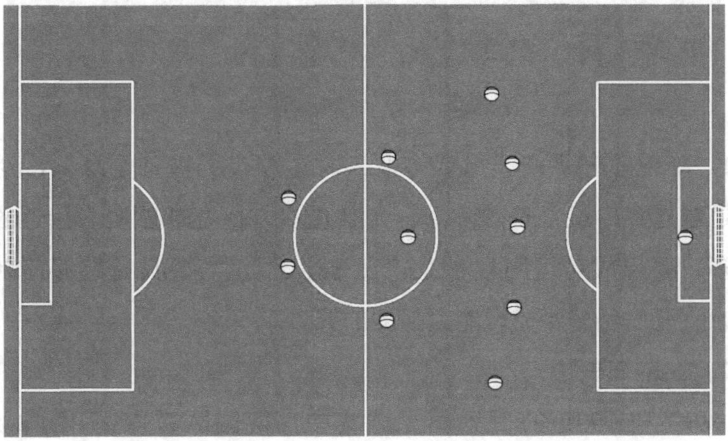

图3–1–5　5–3–2阵型

五、常用比赛阵型的特点分析

（一）4–4–2阵型

4–4–2阵型（图3–1–6）是非常经典的阵型之一，其首创来自现代足球发源地英国。该阵型的进攻特点是中场和后卫队员频繁套边活动，以构成对方门前的威胁。在防守上，采用区域与盯人相结合的混合防守体系。双中卫主防对手两名中锋，中锋拉边或回撤分别由边后卫和前卫看守，两名边后卫固守边路。但由于没有固定的边锋，在进攻时，边后卫要大胆向中场压上，卡住中场两肋区域，协助控制中场，并不失时机地积极套边和插上进攻。

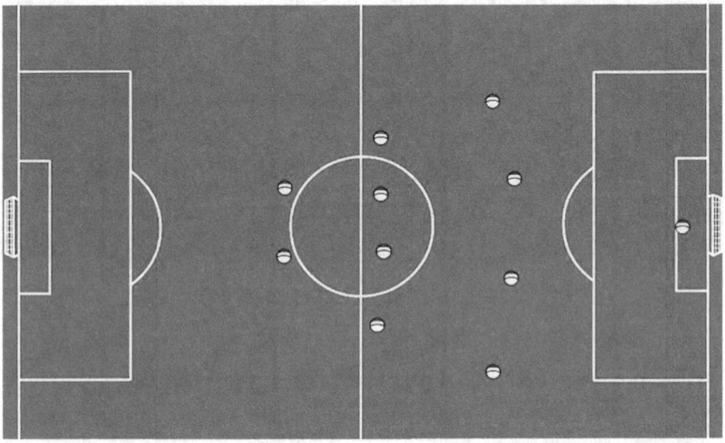

图3–1–6　4–4–2阵型

4–4–2阵型攻守平衡、形势多变，时至今日仍被各个球队广泛使用，是现代足球比赛中最常见的阵型，尤其在双方比赛球队实力接近的情况下运用最多。要想成功运用4–4–2阵型，球队不仅需要具备能够控制球和比赛节奏的前卫，还需要控球能力强的前锋。

（二）3–5–2阵型

在1986年和1990年的世界杯足球赛中，德国队首次采用了3–5–2阵型（图3–1–4），并一直沿用到20世纪90年代末。3–5–2阵型由4–4–2阵型发展而来。相对4–4–2阵型，3–5–2阵型更加注重中场的争夺和控制，更加富有攻击性，中场更加紧凑有效，是一种进攻偏向中路的阵型，但由于它减少了一名后卫，对其他后卫的水平和能力提出了更高的要求。在这个阵型中，边路的助攻和后撤参加防守相当重要，因此对两名边前卫的要求也很高。球队要想通过3–5–2阵型取得成功，需要优秀的边锋来巡查整个边线区域，边锋能够从场地的一端跑到另一端；两名前锋的机动性要非常好，作为整体的团队能够控制比赛节奏。

进攻时，由于中场4～5名队员人数较多，突然插上是其进攻的重要手段，并且攻击的位置也常常变化。同时，在两名有冲击力的前锋的配合下，插上队员和攻击位置的不断变化会给对手造成极大的威胁。防守时，3名后卫中，常常有两名后卫采取紧逼盯人防守的方法将对方的两名前锋盯牢，另一名后卫负责保护。这样既可以在人数上占有一定的优势，在防守层次上也有一定的纵深结构配备，使防守体系较为稳固。

（三）4–5–1阵型

4–5–1阵型（图3–1–7）是足球比赛中一种比较流行的全攻全守阵型，该阵型基本配置是四后卫、双后腰、3名攻击型中场外加单前锋。

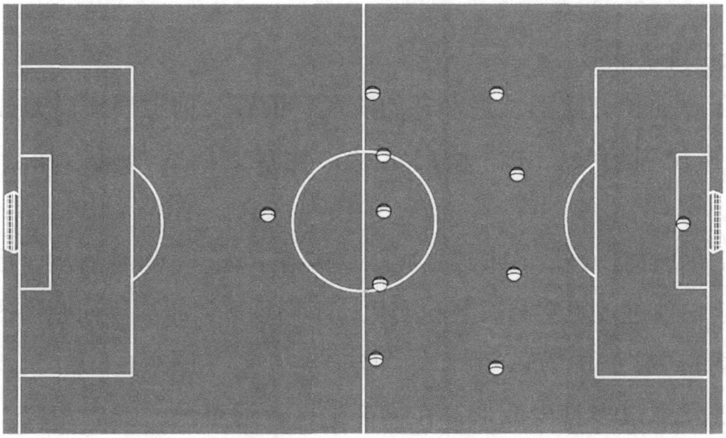

图3–1–7　4–5–1阵型

4–5–1阵型是一个极具隐蔽攻击性和灵活攻击性的阵型。它利用单前锋这个支点做依靠，用身后隐藏的各个球员进行攻击，阵型进攻的隐蔽性强、手段丰富，有着突然进攻的效果。3名攻击型中场在对方的危险地带通过各种换位和配合进行有效攻击，从而达到攻破对方球门的目的。双后腰在防守的同时，通过自身特点有效地参与进攻，丰富进攻手段，逼迫对方将防线后撤，从而能更好地夺取中场的优势和主动权。这也符合现代足球全攻全守的思路，大大提高了足球比赛的观赏性。

4–5–1阵型对攻防的要求非常高。后卫线上对两名边后卫的要求比较高，必须是能攻善守的全能球员；中间两名后卫要求有出色的体能和防守奔跑能力，主要负责后场的防守。该阵型中的中场则是这个阵型中的灵魂，不但要具备传统中场的组织传球能力，而且要有相当强的个人得分能力。整个中场的分工非常明确，双后腰主攻防守和连接中前场，3名进攻型中场要配合单前锋主攻。由于只有一名前锋，中场分担了更多的进攻责任。前锋要求抢点好，护球好。

六、比赛队形

比赛队形是指比赛攻守过程中，队员按不同的场区或任务进行组合的形式。

（一）进攻队形

（1）横向拉开队形：进攻开始阶段，前锋、前卫要横向充分拉开，两名边锋拉到边线，中锋横向扯动，使对方防线松动，接合部出现空当。

（2）纵向交错进攻队形：接应队员应有上有下、有前有后，形成多个三角组合，使进攻更富有层次和变化。不同场区，组成不同距离的三角组合，前场3～5米，中场5～10米，后场10～20米。（图3–1–8）

（3）局部以多打少队形：在局部地区，通过及时摆脱跑位，穿插扯动，形成以多打少的队形，突破防线，创造射门得分机会。（图3–1–9）

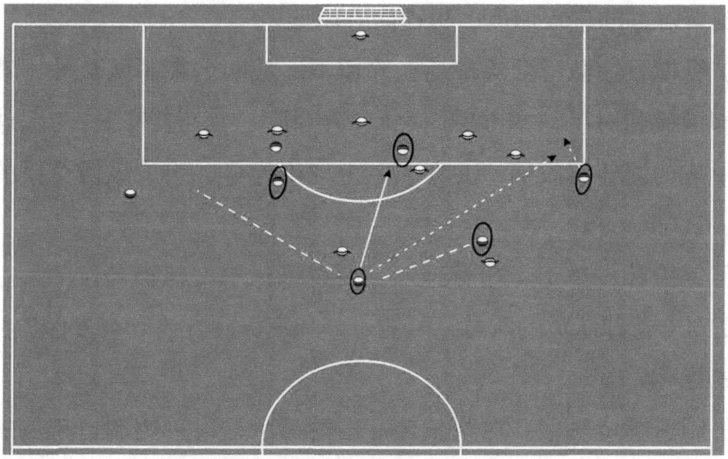

图3-1-8　纵向交错进攻队形

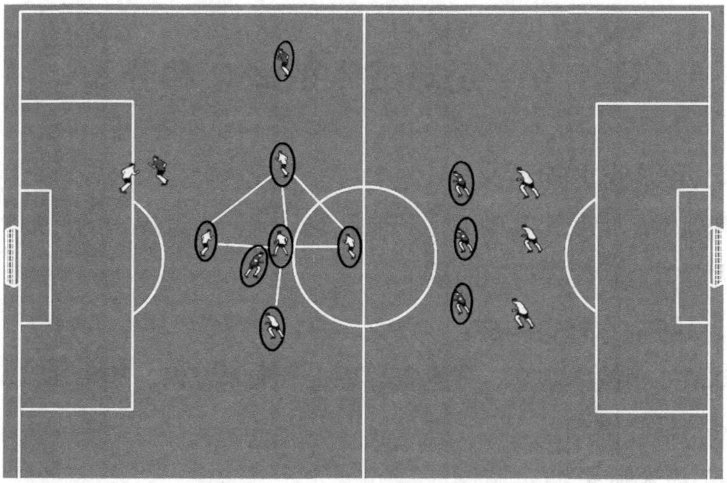

图3-1-9　局部以多打少队形

（4）交叉换位队形：通过无球和有球交叉跑动阻挡防守队员，掩护同伴切入突破，或其他进攻队员利用交叉跑动队员拉出的空当插上进攻。

（二）防守队形

（1）由攻转守队形：持球队员丢球后，立即反抢或回追。本队原前插和接应队员要及时紧逼、压迫对方持球队员和两侧的接球队员，迅速将球夺回或延缓对方的进攻速度，赢得防守时间。

（2）纵横收缩队形：丢球后，除留下一或两名牵制队员外，其他队员必须立即回撤到对手与本方球门之间选位盯人。沿着两门柱与罚球区远角放射线形成的漏斗区收缩，并在人数上取得优势，组成纵横交错的三角防守队形。

（3）保护补位队形：防持球队员要有纵横层次保护补位队形。中路要有本方防对方持球队员的队员，两侧后方和纵深后方要有本方保护补位的队员，组成菱形队形。

（4）制造越位队形：对付长传冲击的对手，可采用制造越位的战术。制造越位应具备的条件：防守后场距球门35米为最佳，对方前锋起动过早，防守前卫能有效干扰对方传球队员。

第二节　足球战术的概念和分类

一、足球战术的定义

足球战术是指在比赛中为达到取胜的目的，通过周密的计划将技术和身体能力有机地转化为行动的战术。

二、足球战术的构成

足球战术由战术观念、战术指导思想、战术意识、战术知识、战术形式和战术行动等构成。

（一）战术观念

战术观念是指对比赛战术概念、战术价值功效及运用条件等进行认识后产生的观念。战术观念的形成同运动员、教练员所具备的竞赛经验、知识结构、认知特点和思维方式等有密切的关系。

（二）战术指导思想

战术指导思想是指在战术观念的影响下，根据比赛具体情况提出的战术运用的活动准则。它基于对战术规律的认知，体现了战术运用者的战术观念。

（三）战术意识

战术意识，又称战术素养，是指运动员在比赛中为达到特定战术目的而决定自己战术行为的思维活动过程。

（四）战术知识

战术知识是指关于比赛战术的理论知识及实践运用的知识，有经验性知识和理论性知识两种形态，包括对专项战术运用原则与战术形式、战术的发展趋势、比赛规则对战术运用的制约等的了解与把握程度。

（五）战术形式

战术形式是指战术活动中有相对稳定的形态和结构的行动方式，如足球防守战术中的延缓、包夹、保护等形式。

（六）战术行动

战术行动是指为达到特定战术目的而采用的动作、动作系列或动作组合。

三、足球战术的分类

（一）进攻战术

1．进攻原则

一支球队为了取得比赛的胜利，场上队员必须在共同遵循的进攻原则指引下，统一认识，统一行动。

进攻原则：①渗入——直接打法；②支援——深度；③移动——跑位；④宽度——边路打法；⑤突破——个人行为。

2．进攻三区战术目的

进攻三区战术目的：一区后场组织进攻，二区中场控球进攻，三区前场配合进攻完成射门。

（二）防守战术

1．防守原则

防守原则：①延缓——压迫；②支援——保护；③平衡；④集中；

⑤控制对方与解围。

2. 防守三区战术目的

防守三区战术目的：一区前场高压，二区中场防守，三区后场深度防守。

第三节　比赛中的攻防战术

一、本方控球时（进攻）

本方控球时（进攻）要通过球场中路迅速进攻，并通过一系列传接配合创造射门机会。

（一）针对性练习内容

（1）个人进攻战术：1VS1有球时的突破、控球，无球时的接应、跑位。

（2）小组进攻战术：两或三人的配合进攻，如交接、墙式和后套等小组进攻战术。

（3）组织进攻（防守三区、中场三区）。

（4）中边路进攻配合完成射门（进攻三区）。

（5）快速进攻（中场三区）、反击（防守三区）。

（6）由守转攻。

（7）定位球进攻。

（二）练习方法

1. 练习方法1

在4个标志筒围成的区域内进行2VS2+1传接球对抗练习，其中1为中间人。（图3–3–1）

图3-3-1　2VS2+1传接球对抗练习

练习要点：

传球队员要注意抬头提前观察防守队员的位置和空当，然后快速做出决策，合理将球传给同伴，在传球时要注意传球的准确性和力度。传球队员在没有合适的传球时机时要通过个人的运带和突破创造空间，摆脱防守，控制球权。

2. 练习方法2

边路配合射门（左右两边路7分钟交换）：持球队员在边路，与中路队员形成二打一，边路队员与中路队员利用墙式配合（①）和后套配合（②）将球传至门前，完成射门。（图3-3-2）

图3-3-2　边路配合射门练习

练习要点：

边路进攻队员通过观察防守队员的位置和距离，选择墙式配合或后套配合，完成进攻射门。在边路进攻时，进攻队员要通过变速和变向创造进攻机会和配合的空间。传球的力度要适中，传球的方向要有利于进攻。

3. 练习方法3

5VS5比赛，双方阵型均为1-1-2-1。（图3-3-3）

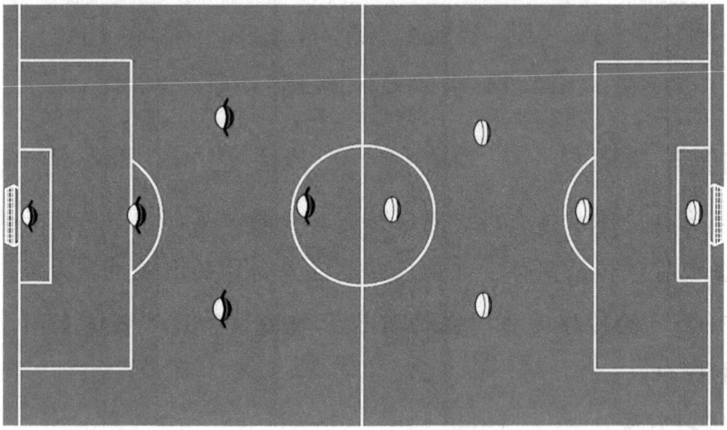

图3-3-3　5VS5比赛练习

练习要点：

传球队员要注意抬头观察，要注意传球的力度和方向，要在个人突破和传球的时机上做出合理的决策。接球队员要注意接球的技术，注意接球的身位要有利于下一个动作的衔接，能够快速地向进攻方向移动。个人要学会拉开空间，创造空间，摆脱防守。整体要保持阵型，无论进攻还是防守都需要整体随球移动。

4. 练习方法4

在4个标志筒围成的区域内进行5VS3练习。外围5人抢到球互相传递5次则中间3人前滚翻一次，中间3人抢到球互相传递3次则外围5人前滚翻一次。（图3-3-4）

图3-3-4　5VS3练习

练习要点：

控制球权，在传接球时体位要打开，尽量减少调整球的次数，加快传球节奏。在防守时要有分工，距离持球队员较近的防守队员要快速上前压迫，其他队员要注意抢断。

二、对方控球时（防守）

对方控球时（防守）采用更多样化的防守战术组合进行防守。

（一）针对性练习内容

（1）个人防守技术（主动上抢的防守方式：移动步伐、抢球、断球、铲球、封堵）。

（2）小组防守站位（三角形、线形、菱形、方形），移动保护，防线波动，摆动，压迫保护（夹抢、三角、菱形），移动时的防守距离。

（3）收缩防守、中场防守、高位防守；移动保持阵型，封闭向前传球；密集（距离、球员、防守线间的插空）；压迫（集体移动）。

（二）练习方法

1．个人防守战术练习

白队队员带球射门（无防守队员）后立即转身进行防守，然后黑队队员带球进行2VS1进攻射门，结束后黑队两名队员立即防守，然后白队队员带球进行2VS2进攻射门。（图3–3–5）

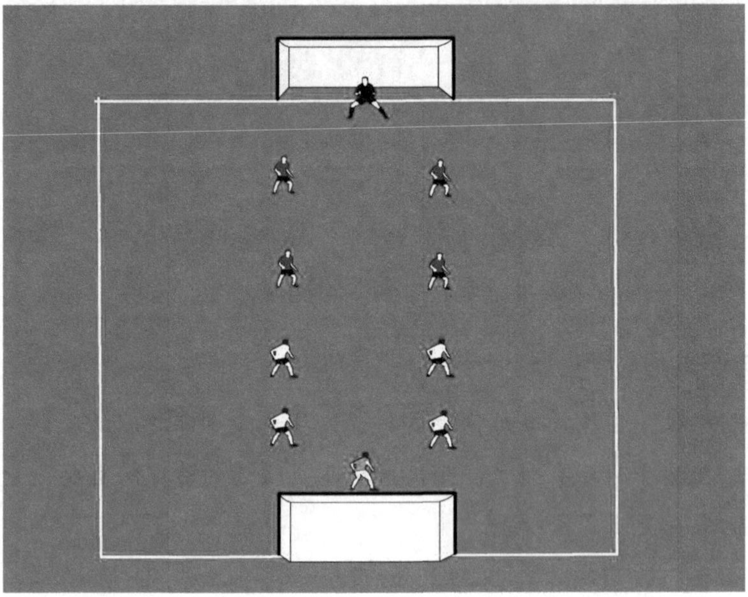

图3-3-5　个人防守战术练习

练习要点：

这是一个由带球射门逐步进阶到2VS1、2VS2的练习，队员要有攻防转换的意识，在防守时要学会快速上前压迫延缓进攻，要学会协防和保护。

2．变换训练区域练习

小区域内5VS3，白队3人抢到球后转换到大区域11VS5，黑队5人破坏球后重新变回5VS3。几分钟后小区域8人与外围8人交换。（图3–3–6）

图3-3-6　变换训练区域练习

练习要点：

队员要有攻防转换的意识，3人得到球权后要学会快速转移，而丢失球权的5人需要迅速转变成防守队员快速进行围抢，尽量避免3人将球传给外围的8人。

3．比赛阵型练习

（1）5VS5比赛，双方阵型均为1–1–2–1。

（2）8VS8比赛，进攻阵型为1–2–3–2，防守阵型为1–3–3–1。（图3–3–7）

练习要点：

防守队员要学会跟随球的转移而整体移动，距离持球队员最近的防守队员要迅速上前压迫，其余防守队员要学会保护和抢断，在持球队员突破时要利用围抢和包夹，迅速将球拦截，快速由守转攻。

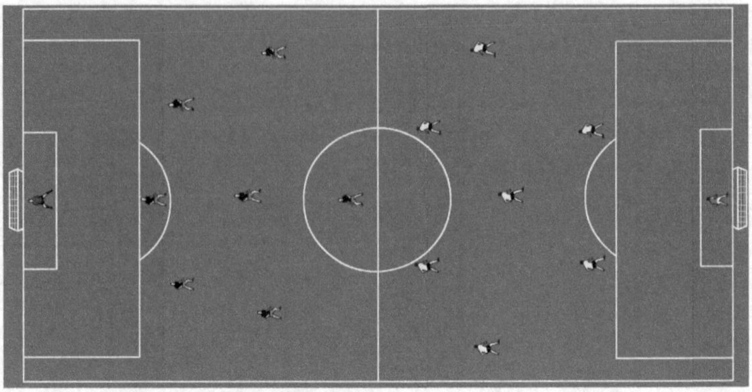

图3-3-7　8VS8比赛练习

三、由守转攻时（获得球权）

由守转攻时（获得球权），快速组织有效进攻，尽快把球直接打进对方球门。

（一）针对性练习内容

（1）个人进攻战术：由守转攻，有球时快速向前推进，无球时快速向前接应跑动。

（2）小组进攻战术：由守转攻时，两或三人之间反击配合，快速向前接应跑动。

（3）整体进攻战术：在前场、中场和后场，全队在3个区域进行整体的由守转攻。

（二）练习方法

1. 1名守门员+5VS4半场攻防练习

进攻方阵型为2–3，防守方阵型为1–3–1。进攻方攻入球门得分，防守方抢断球后由守转攻带球过中线得分。（图3-3-8）

练习要点：

进攻队员要注意拉开空间，给防守方制造难度。防守队员要整体收缩，及时选位，在得到球权后迅速拉开空间转换成进攻，在由守转攻时要注意第一次触球的质量。

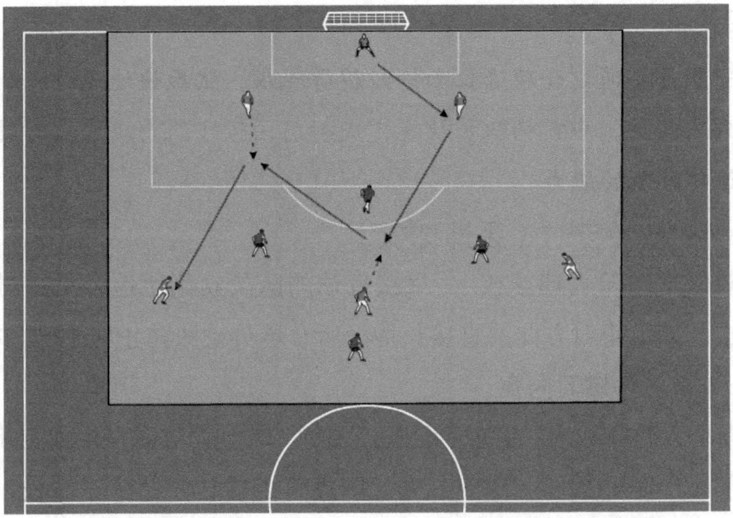

图3-3-8　1名守门员+5VS4半场攻防练习

2．传接球进攻射门练习

每次一队发球，并在指定区域通过传接球进攻射门，另一队防守，断球后带球过白线得分，一队只有两名后卫参与防守。7分钟后攻防交换。（图3-3-9）

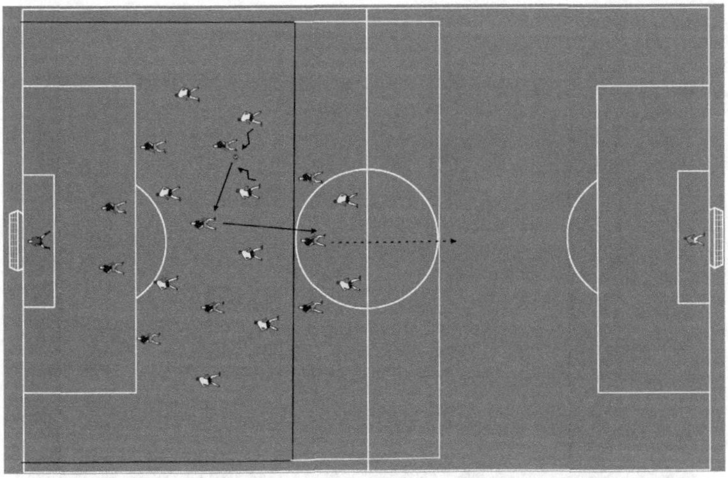

图3-3-9　传接球进攻射门练习

练习要点：

防守队员要通过合理选位和抢断获得球权，然后快速通过一脚触球将球推进到中前场，中前场队员快速完成射门，防守队员要有攻防转换的意识和快速转移球的能力。

四、由攻转守时（丢掉球权）

由攻转守时（丢掉球权），最接近球的队员立刻压迫，阻止对方发动有效反击，如阻止对方向前直接长传；所有球员设法防止对手破门得分。

（一）针对性练习内容

（1）个人防守战术：丢球队员快速追球，其他防守队员形成封闭空间。

（2）小组防守战术：两或三人之间进行由攻转守的防守配合，先压迫封闭，然后快速回防，延缓形成防守阵型。

（3）整体防守战术：在前场、中场和后场，全队队员在3个区域出现由攻转守场景时的防守配合。

（二）练习方法

1．前场配合射门练习（8VS7+1名守门员）

每次白队发球，通过前场配合射门得分。黑队断球后传球给教练员得分。（图3-3-10）

图3-3-10　前场配合射门练习（8VS7+1名守门员）

⚽ **练习要点：**

持球队员要抬头观察，注意传球时机。无球接应队员要注意无球跑动的时机，通过拉开空当创造空间。持球队员射门时其他队员要注意补射。

2．4VS2练习

在4个标志筒围成的区域内进行4VS2练习，外围4人传控球，控球队员最多触球2次就要把球传出，丢球后要立即围抢，力争重新获得球权；中间2人抢球，抢断后相互传球2次得分。球出界由外围4人继续控球。（图3-3-11）

图3-3-11　4VS2练习

⚽ **练习要点：**

持球队员丢球后要迅速转换为防守队员，进行围抢。防守队员要注意对持球队员进行压迫，其他防守队员要进行保护。

3．11VS11对抗攻门练习

双方阵型均为1-4-3-3，在指定区域内进行11VS11对抗攻门练习，5分钟后攻防交换。（图3-3-12）

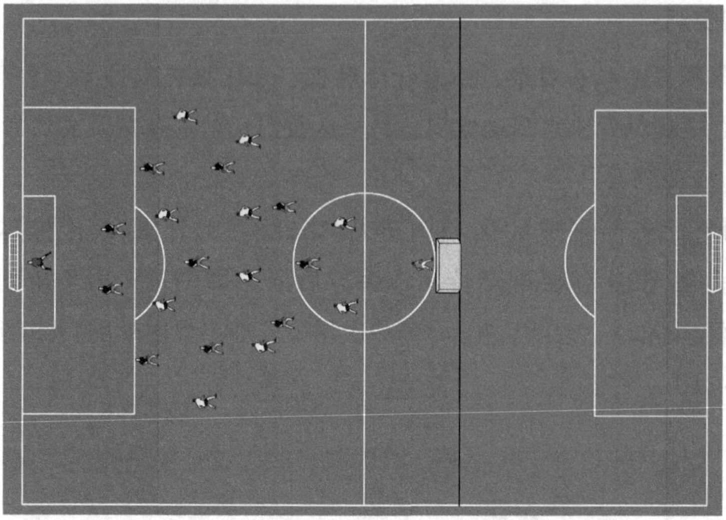

图3-3-12　11VS11对抗攻门练习

练习要点：

要保持整体队形，进攻阵型要拉开，防守阵型要收缩，队员要具有攻防转换的意识。持球队员要注意观察并迅速做出决策，尽快向进攻球门前推进，无球队员要根据持球队员的位置，创造空间进行无球跑动接应。

第四节　定位球战术

定位球战术是指在比赛中利用死球后重新开始比赛的机会组织进攻与防守配合的战术方法。现代足球比赛最本质的特点是高速度、强对抗，体现在防守时，特别是在防守三区内盯逼更积极，抢断更凶狠，队员之间的保护要更迅速而及时。这些防守措施能最大限度地遏制进攻队员的无球和有球活动。同时，现代足球表现出对防守的高度重视，当比赛中本方处于防守时，整队的回防速度常快于对方的进攻速度，在防守的关键区域更是采用以多防少的压逼式打法。在这种严密的防守条件下，进攻队员所能创造、利用的时间更少，空间也更狭小，这就为进攻技战术的发挥带来了很大的困难。与此同时，随着防守人数的增加，国际足联规定对防守队员的犯规判罚更加严厉，使得进攻方在前场获得并利用定位球创造得分的机会大大增加。更重要的是，许多关键比赛的胜利常常是通过任意球、角球和掷界外球的巧妙配合或卓越的射门技术破门得分而实现的。因此，定位球进攻被广泛重视，被视为重要的得分手段。

一、定位球进攻的有利因素

（1）执行定位球时，均在死球状态下进行。除掷界外球外，对手需距球9.15米以外，防守队员无法直接紧逼进攻队员。

（2）可在进攻上投入较多的兵力，一般为6～8人，也可在不招致任何风险的情况下向最有威胁的区域事先调动、埋伏突击队员，如头球好的后卫队员、直接射门得分能力强的队员等，他们都可全身心地投入到这一次进攻中。

（3）队员可以在预先设计的进攻点站位，不仅可以发挥战术的最大效能，还可以最大限度地调动每名队员的主观能动性。

（4）定位球战术由于可变因素相对较少，通过反复训练，就能使全队协同行动和把握时机的能力达到很高的水平。

在定位球进攻的有利因素的共同作用下，对手的防守极度困难。若经常根据本队特点有针对性地训练定位球进攻战术，在大多数情况下会收到良好的效果。

二、定位球进攻的主要手段

定位球进攻的特点：①尽可能减少传球次数，以尽可能直接攻门；②力求快速、突然，攻其不备；③充分制造和占据门前空间，其中头球射门进球占相当大的比例。

定位球包括任意球、角球、掷界外球等。

（一）任意球攻防战术

任意球攻防战术中，能对对方构成较大威胁的是发生在罚球弧上的前场任意球，但是在实际比赛中这个区域的任意球机会较少，而罚球区两侧的边路任意球机会较多。

1. 前场中路任意球

在前场中间或两侧获得任意球的机会时，只要有射门机会，最好的处理方法就是直接射门，随着防守队排墙人数的增加，直接射入对方球门变得更加困难，因此，射门队员更需要掌握高超的任意球技术。例如，进攻队员常采用在对方人墙的两侧或中间“夹塞”的办法，或者在罚球点自行排成人墙，以此阻挡守门员的视线，使其看不清罚球队员的动作，而在射门时这些队员迅速让出空当，使射出的球通过空当射入球门。

练习方法：

前场中路任意球练习：选出脚法好的队员在前场中路进行任意球练习，其他队员根据比赛需要进行跑位练习。（图3-4-1）

图3-4-1 前场中路任意球练习

练习要点：

（1）射门队员直接越过人墙射门。

（2）无球队员要提前进行无球跑动。

2. 前场边路任意球

前场边路任意球，即在前场的侧角和两边的任意球，当不可能直接射门时，应进行配合射门，通常采用短传配合和长传配合两种。在处理前场边路任意球时，一般选择前、中、后3个点，更多选择平快球前点和中点，传球次数宜少、宜简，传球和射门配合要默契。

练习方法：

前场边路任意球练习：选出脚法好的队员在前场边路进行任意球练习，其他队员根据比赛需要进行跑位练习。（图3-4-2）

图3-4-2　前场边路任意球练习

练习要点：

（1）传球队员和射门队员要配合默契。

（2）无球队员要提前进行无球跑动。

（二）角球攻防战术

（1）角球进攻战术分为短传角球和长传角球，可选择直接发前点和中点，或者配合传向门前。

（2）角球防守战术在对方踢角球时，可由10～11人参加防守。由1名队员离球8～9米，封堵和限制对方角球的有效落点。

练习方法：

角球进攻时，选出一名进攻队员发角球，其他无球进攻队员要通过无球跑动摆脱防守队员进行门前抢点射门。（图3-4-3）

图3-4-3 角球进攻战术练习

练习要点：

角球进攻时，进攻队员要注意观察球的路线，提前预判球的落点，通过无球跑动摆脱防守队员，争抢第一落点完成射门。

（三）掷界外球攻防战术

掷界外球攻防战术是指通过接球队员的跑动，使罚球队员直接将球发到禁区附近的战术，也有近距离通过配合转移重新组织进攻的战术。

1. 掷界外球进攻战术

（1）直接回传：由接球队员直接或间接回传给掷球队员，由掷球队员组织进攻。

（2）摆脱接球：用突然的变速和变向摆脱防守，接应或插入接球，展开进攻。

（3）长传攻击：由擅长掷球的队员掷出长距离传球，由同伴在对方禁区配合攻击，是常用的方法。例如，掷球给跑动中的同伴，同伴接球后用头顶后蹭传球，同时另两名队员配合包抄抢点射门。

2. 掷界外球防守战术

（1）局部要紧逼，死盯接球队员。

（2）对于比较危险的区域和有可能出现的空当要重点防守和保护。

（3）对手在前场掷球时，应采取相应的防守对策，派人在掷球队员前面影响其掷球的远度和准确性，对重点对象要盯紧，选择防守的有利位置。

参考文献

［1］陈秋屹．日本足球青训模式对我国校园足球后备人才培养的启示研究［D］．重庆：西南大学，2020.

［2］孟夏．基于多视图协同分析的足球技战术可视化技术研究［D］．上海：上海交通大学，2019.

［3］芦嘉琛．中日两国足球青训模式的比较研究［D］．呼和浩特：内蒙古师范大学，2018.

［4］陈海洋．室内五人制与十一人制足球技战术运用特征及影响研究［D］．北京：北京体育大学，2017.

［5］丁然．中德两国足球青训模式的对比研究［D］．南京：南京体育学院，2016.

［6］刘涛．足球理论与实践［M］．北京：北京体育大学出版社，2009.

［7］张庆春．青少年足球训练理念与实践［M］．北京：北京体育大学出版社，2008.

［8］孙健．足球比赛节奏的理论构建与实证研究［M］．北京：北京体育大学出版社，2013.

［9］任定猛．五人制足球训练理论体系构建与技战术训练应用研究［M］．北京：北京体育大学出版社，2014.